INTRODUCTORY CHINESE
普通汉语教程

Listening Comprehension

听力课本

杜厚文　编著

华语教学出版社
SINOLINGUA

First Edition 2012

ISBN 978-7-5138-0094-5
Copyright 2012 by Sinolingua
Published by Sinolingua
24 Baiwanzhuang Road, Beijing 100037, China
Tel: (86) 10-68320585 68997826
Fax: (86) 10-68997826 68326333
http://www.sinolingua.com.cn
E-mail: hyjx@sinolingua.com.cn
Printed by Beijing Songyuan Printing Co., Ltd.

Printed in the People's Republic of China

前　言

　　《普通汉语教程》是一套系列教材,包括《听说课本》(上、下)、《阅读课本》、《汉字本》、《听力课本》和《听力练习本》。这套教材是专门为来华学习的外国留学生编写的汉语入门教材。

　　这套书也可以供外国人自学汉语使用。

　　《听说课本》主要教授汉语基础词汇和基本语法点;围绕生活和社交活动中常用的急需的交际内容,采用情景对话的方式进行大量的听说训练,培养、提高学生的口语表达能力。

　　《阅读课本》主要用来培养阅读理解能力,训练阅读速度。巩固《听说课本》中学习的语法、语用和词汇。

　　《汉字本》讲解《听说课本》生词中的汉字知识,培养和提高认读和书写汉字的能力。

　　《听力课本》和《听力练习本》用来训练、提高学生的听力理解能力。

　　这套汉语教材具有如下特点:1. 选取生活题材和社交活动范围内的语言材料作为教材内容,以满足外国留学生的实际语言需要。2. 通过听说、阅读(包括书写)和听力等课本对听、说、读、写四种语言技能分别进行专项训练。3. 力求把语言使用的情境与语言的结构以及语言的交际功能有机地结合在一起来组织语言材料。每种课本的基本结构和体例保持不变。教学实践说明:学完这套教材,可以有效地让学生在短期内掌握在中国生活和社交活动中所必需的最基本的语言知识和交际能力,并为进一步学习汉语打下良好的基础。

　　《普通汉语教程》总生词量为1200多个,语法点109项,汉字1200多个。

　　《普通汉语教程》与《基础科技汉语教程》是配套设计的。来华学习理工专业的外国留学生首先学习《普通汉语教程》,然后再学习《基础科技汉语教程》。

　　在编写这套教材时,笔者吸收了历年来汉语教材编写的成果和经验,在此向各位同行以及盛炎、季秀清、温洁、黄振英、陈永德、李娟琴、郭金鼓、韩玉芳表示衷心的谢意。

　　欢迎使用本教材的教师和学习者提出宝贵的意见,以便我们对这套教材进行修订和完善。

编　著

Preface

Introductory Chinese is a series consisting of six books: *Listening and Speaking* (volumes 1 and 2), *Reading Comprehension*, *Chinese Character Workbook*, *Listening Comprehension* and *Listening Comprehension Workbook*. This series has been tailored for foreign students who are coming to China to pursue further studies; however, it will be an equally valuable resource for other foreign learners wishing to teach themselves Chinese.

Listening and Speaking is designed to build up and improve the ability of learners to express themselves in Chinese by presenting them with a number of everyday situational conversations to study. The book also explains many essential grammar points and includes key day-to-day vocabulary.

Reading Comprehension aims to improve learners' reading abilities and increase their reading speed, as well as reviewing the grammar, language usage and vocabulary found in *Listening and Speaking*.

Chinese Character Workbook teaches how to read and write Chinese characters introduced as new words in *Listening and Speaking*.

Both *Listening Comprehension* and *Listening Comprehension Workbook* serve to train learners' listening abilities and improve their listening comprehension.

The series boasts following features:

—All teaching materials have been selected to cover everyday topics and situations, so as to best meet the learners' real-life requirements.

—The coursebooks place a strong and equal focus on listening, speaking, reading and writing to facilitate the development of each student's language skills across the board.

—The teaching style used in this series has been tailored to incorporate structural, situational and functional approaches to language instruction.

—The syllabus and organization of each coursebook has been maintained in a clear and comprehensive manner.

Classroom studies have shown that after studying this series, students will have effectively acquired the basics of Chinese language and communicative skills needed for staying in China and will be amply prepared to improve their Chinese through further study.

This series covers a vocabulary of over 1,200 words, 109 grammar points and more than 1,200 characters.

Introductory Chinese and *An Elementary Course in Scientific Chinese* together form a set. Students coming to China to study science and technology may begin with the former and then move on to the latter.

In compiling this series, I drew on the experiences encountered and achievements made by existing Chinese teaching materials. I would hereby like to extend my appreciation and acknowledgement to the authors of these rich resources of knowledge, including: Sheng Yan, Ji Xiuqing, Wen Jie, Huang Zhenying, Chen Yongde, Li Juanqin, Guo Jingu, Han Yufang.

We welcome feedback and suggestions for future improvements from both teachers and students for the subsequent editions of this series.

The Compiler

使用说明

本书为《普通汉语教程》系列教材的一个组成部分,着重培养学习者的听力理解能力。《听力课本》是教师用书,《听力练习本》是学生用书。《听力课本》配有录音光盘,也供学生使用。

本书共四十四课。第一课至第八课讲授汉语语音。练习方式有:听读语音、辨音、辨调、拼读(写)音节等。第九课至第四十四课着重于汉语会话,以日常生活和学习生活的用语为主要内容。学生边听录音边做《听力练习本》上的练习。练习方式有:选择、填空、判断是非、回答问题等。教师应及时检查学生完成练习的情况。

听录音前应让学生明确练习项目的要求。可让学生看《听力练习本》上的英文译文,也可由教师说明。

此外,每课都有听写练习。

教材中各课的词汇和语法点基本上不超出相应的《听说课本》的范围。每课出现的少量生词均注有拼音和英文。

编　者

The Compiler's Notes

Listening Comprehension, part of *Introductory Chinese* series, is a course intended to build up the student's listening comprehension. Accompanied by a disk in MP3 format, *Listening Comprehension* is a teacher's guide, while *Listening Comprehension Workbook* is for the students.

Listening Comprehension includes 44 lessons. The first eight lessons deal with Chinese phonetics through such exercises as listening to new pronunciations and then repeating them, distinguishing between different sounds and tones, and spelling out syllables orally and in writing.

Lessons 9-14 deal with expressions from everyday life in the form of dialogues. Students are required to listen to recordings while completing the exercises in the *Listening Comprehension Workbook*. There are various types of exercises that accompany these lessons, including multiple choice, filling in the brackets, true-or-false, short answer questions, and dictation tests. Before beginning the exercises, students should familiarize themselves with the instructions, either by having their teacher explain them or by reading the instructions themselves in English.

Most of the words and grammatical points in *Listening Comprehension* are also found in *Listening and Speaking*, and the few new words are given their English equivalents and pinyin are also provided.

The Compiler

C_{ontents} 目 录

第一课
Lesson 1

一 听韵母。听四遍：第一遍静听，第二遍默读，第三、四遍跟读。

a   o   e   i   u   ü

二 听声母。听四遍：第一遍静听，第二遍默读，第三、四遍跟读。

b   p   m   f
d   t   n   l

三 辨别韵母

（一）在每组韵母后面的括号内写下我说的韵母（有关韵母说三遍）。

1. a   o   e   (a)
2. a   e   o   (e)
3. o   a   e   (a)
4. o   e   a   (o)
5. e   o   a   (e)
6. e   a   o   (o)
7. i   u   ü   (i)
8. i   ü   u   (u)
9. u   i   ü   (ü)
10. u   ü   i   (u)
11. ü   i   u   (ü)
12. ü   u   i   (i)

（二）我说一个音节，请你写出它的韵母（每个音节说三遍）。

ma   mo   nü   ni   de   du
bo   tu   te   pi   li   lü

四 辨别声母

（一）在每组声母后面的括号内写下我说的声母(有关声母说三遍)。

1. b	p	m	f	(p)
2. f	b	m	p	(b)
3. m	b	f	p	(f)
4. p	b	f	m	(m)
5. d	t	n	l	(n)
6. l	d	n	t	(d)
7. d	l	t	n	(t)
8. n	d	t	l	(l)
9. b	d	t	p	(t)
10. t	b	p	d	(p)
11. m	n	f	l	(f)
12. f	m	l	n	(m)

（二）我说一个音节,请你写出它的声母(每个音节说三遍)。

pa	ba	pu	bu	da	ta
ma	fa	di	ti	nü	lü
bu	du	po	fo	de	ne

五 声调练习

（一）我说第一声,你说第一、第四声。如我说bā,你说bā、bà。

bā	bā	bà
pā	pā	pà
mā	mā	mà
fā	fā	fà
dā	dā	dà
tā	tā	tà
nā	nā	nà
lā	lā	là
bī	bī	bì
pī	pī	pì
mī	mī	mì
dū	dū	dù

| tū | | tū | tù |
| fū | ⟶ | fū | fù |

（二）我说第四声,你说第四、第二声。如我说pà,你说pà、pá。

bà		bà	bá
pà	⟶	pà	pá
mà	⟶	mà	má
fà	⟶	fà	fá
dà	⟶	dà	dá
tà	⟶	tà	tá
nà	⟶	nà	ná
là	⟶	là	lá
dù	⟶	dù	dú
tù	⟶	tù	tú
mì	⟶	mì	mí
mù	⟶	mù	mú

六 **辨别声调。听我说,请你给下列音节标上调号(每个音节说三遍)。**

bā	bǎ	bà	mà	má	mǎ
bǐ	bì	pō	pò	tǔ	tù
fá	fā	lǚ	lǜ	fù	fū

七 **拼音**

（一）我说韵母,你用声母b、p和它拼成音节。如我说a,你说ba、pa。

a		ba	pa
o	⟶	bo	po
i		bi	pi
u	⟶	bu	pu

（二）我说韵母,你用声母d、t和它拼成音节。如我说a,你说da、ta。

a	⟶	da	ta
e	⟶	de	te
i		di	ti
u	⟶	bu	tu

（三）我说声母*，你用韵母a、u和它拼成音节。如我说b，你说ba、bu。

b		ba	bu
p	→	pa	pu
m		ma	mu
f	→	fa	fu
d		da	du
t	→	ta	tu
n		na	nu
l	→	la	lu

*这里"声母"是指声母的呼读音。例如：声母"b"读如"bo"，声母"d"读如"de"等。

第二课
Lesson 2

一 听韵母。听四遍:第一遍静听,第二遍默读,第三、四遍跟读。

　　ai　　ei　　ao　　ou

二 听声母。听四遍:第一遍静听,第二遍默读,第三、四遍跟读。

　　g　　k　　h

三　辨别韵母

(一) 在每组韵母后面的括号内写下我说的韵母(有关韵母说三遍)。

1.	ai	ei	ao	(ai)
2.	ei	ai	ao	(ei)
3.	ao	ei	ai	(ao)
4.	ou	o	ao	(ao)
5.	ao	ou	o	(ou)
6.	a	ao	ai	(ao)
7.	ao	a	ai	(ai)
8.	o	u	ou	(o)

(二) 我说一个音节,请你写出它的韵母(每个音节说三遍)。

gao	gei	ga	gai
kou	kao	ka	kei
hao	hou	hei	he
fu	fou	dai	dei

四　辨别声母

(一) 我说一个音节,请你说出它的声母。如我说ga,你说g。

ga	ka	gu	hu	gao	kao
dai	tai	hai	kai	hao	nao

bao	pao	hei	nei	gei	kei
mei	fei				

（二）我说音节，请你写出它的声母。如我说gai，你写g。

gai	pai	bai	nai	mai
kou	hou	gou	tou	mao
bao	mei	pei	bei	dəi
tei	lei	nao	dao	tao

五 声调练习

（一）我说第四声，你说第四、第一声。如我说gài，你说gài、gāi。

gài	→	gài	gāi
kòu	→	kòu	kōu
hào	→	hào	hāo
gòu	→	gòu	gōu
mào	→	mào	māo
dài	→	dài	dāi
tào	→	tào	tāo
fèi	→	fèi	fēi
hài	→	hài	hāi
bèi	→	bèi	bēi

（二）我说第二声，你说第二、第四声。如我说pái，你说pái、pài。

pái	→	pái	pài
léi	→	léi	lèi
báo	→	báo	bào
hóu	→	hóu	hòu
gáo	→	gáo	gào
mái	→	mái	mài
hú	→	hú	hù
gé	→	gé	gè

六　辨别声调

（一）我说两个音节，请你标出它们的调号（每组音节说三遍）。

bēi	bèi	pōu	pǒu
māo	máo	fēi	féi
lóu	lòu	táo	tǎo
káo	kāo	hé	hē
gǎo	gāo	dǒu	dòu
nǎi	nài	hǎo	hào

（二）在每组音节后面的括号内写下我说的音节（有关音节说三遍）。

1.	mā	má	mǎ	mà	(mā)
2.	mēi	méi	měi	mèi	(mèi)
3.	nī	ní	nǐ	nì	(nǐ)
4.	hāo	háo	hǎo	hào	(hǎo)
5.	kōu	kóu	kǒu	kòu	(kǒu)
6.	bāi	bái	bǎi	bài	(bái)
7.	hēi	héi	hěi	hèi	(hēi)
8.	lōu	lóu	lǒu	lòu	(lóu)
9.	gāi	gái	gǎi	gài	(gāi)
10.	gāo	gáo	gǎo	gào	(gǎo)

七　音节连读

（一）我说两个音节，请你把它们连起来说。如我说nǐ, hǎo, 你说nǐ hǎo。

nǐ, hǎo	nǐ hǎo
měi, mǐ	měi mǐ
gěi, nǐ	gěi nǐ
kě, kǒu	kěkǒu
wǔ, bǎi	wǔbǎi

（二）我说单音节，请你说成双音节，第二个音节要读轻声。如我说gē, 你说gēge。

gē	gēge
mèi	mèimei
mā	māma
dì	dìdi

bó　　　　　　　　　　　　　bóbo

pó　　——————————　　　pópo

（三）跟读双音节词：

lóutī	máoyī
méitóu	páigǔ
tímù	tóunǎo
núlì	láolèi

第三课
Lesson 3

（一）听韵母。听四遍：第一遍静听，第二遍默读，第三、四遍跟读。

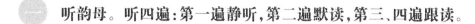

an　　en　　ang　　eng　　ong

二　辨别韵母

（一）我说一个音节，请你说出它的韵母。如我说 pan，你说 an。

ban	bang	pen	peng
man	men	fan	fang
dang	deng	dong	tan
teng	tong	ken	keng
ban	ben	long	leng

（二）在每组韵母后面的括号内写下我说的韵母（有关韵母说三遍）。

1. an　　ang　　ong　　（an）
2. ong　　an　　ang　　（ang）
3. ang　　ong　　an　　（ong）
4. en　　eng　　ong　　（en）
5. eng　　en　　an　　（an）
6. ong　　eng　　ang　　（ong）
7. eng　　ong　　ang　　（ang）
8. an　　en　　ang　　（en）

三　辨别声调

（一）我说两个音节，请你标出它们的声调。

dāndāng	fēntóu
bānmǎ	fēngmì
tánpàn	fángfēng
làngfèi	hánlěng

tàntǎo	nánfāng
hóngbō	lànmàn
gǒnggù	lóngdōng
hánghǎi	kànghàn

（二）在每组音节后面的括号内写下我说的音节（有关音节说三遍）。

1. bā	bá	bǎ	bà	(bà)
2. māng	máng	mǎng	màng	(máng)
3. tāi	tái	tǎi	tài	(tài)
4. tā	tá	tǎ	tà	(tā)
5. lēng	léng	lěng	lèng	(lěng)
6. hēn	hén	hěn	hèn	(hěn)
7. dōng	dóng	dǒng	dòng	(dǒng)
8. nān	nán	nǎn	nàn	(nán)
9. bān	bán	bǎn	bàn	(bǎn)
10. mēn	mén	mèn	men	(men)

（三）我说一个音节，请你在它前面加上"bú"或"bù"。如我说dà，你说bú dà；我说nán，你说bù nán。

dà	bú dà	bǐ	bù bǐ
pà	bú pà	hé	bù hé
dàn	bú dàn	gāo	bù gāo
hǎo	bù hǎo	bì	bú bì
děng	bù děng	bèi	bú bèi
máng	bù máng	tóng	bù tóng
lài	bú lài	nán	bù nán

四　拼读音节

（一）我说韵母，请你用声母p、f、t分别与它拼成音节。如我说an，你说pan、fan、tan。

an	pan	fan	tan
ang	pang	fang	tang
eng	peng	feng	teng

（二）我说韵母为 an 的音节，请你把它改成韵母为 ang 的音节。如我说 an，你说 ang；我说 dan，你说 dang。

an	→	ang	tan	→	tang
ban	→	bang	nan	→	nang
pan	→	pang	lan	→	lang
man	→	mang	gan	→	gang
fan	→	fang	kan	→	kang
dan	→	dang	han	→	hang

（三）我说韵母为 en 的音节，请你把它改成韵母为 eng 的音节。如我说 en，你说 eng；我说 men，你说 meng。

en	→	eng	men	→	meng
ben	→	beng	gen	→	geng
pen	→	peng	ken	→	keng
den	→	deng	hen	→	heng

五　音节连读

（一）我说两个音节，请你把它们连起来说。如我说 hěn，hēi，你说 hěn hēi。

hěn, hēi	→	hěn hēi
hěn, bái	→	hěn bái
hěn, lěng	→	hěn lěng
hěn, dà	→	hěn dà
hěn, gāo	→	hěn gāo
hěn, nán	→	hěn nán
hěn, hǎo	→	hěn hǎo
hěn, bèn	→	hěn bèn
hěn, dī	→	hěn dī
hěn, máng	→	hěn máng
hěn, lǎo	→	hěn lǎo
hěn, pàng	→	hěn pàng

（二）跟读双音节词：

fēnfāng	dānglāng	bānggōng
dōngnán	tōnghóng	guānglín
gāngbǐ	fāngfǎ	gānghǎo
fēnglàng	gōngkè	kāntàn

第四课

Lesson 4

一 听韵母。听四遍:第一遍静听,第二遍默读,第三、四遍跟读。

ia   ie   iao   iou(-iu)
ian   in   iang   ing   iong

二 听声母。听四遍:第一遍静听,第二遍默读,第三、四遍跟读。

j   q   x

三 辨别韵母。在每组韵母后面的括号内写下我说的韵母(有关韵母说三遍)。

1. ia	iao	ian	iang	(ia)
2. iao	ian	ia	iang	(ian)
3. iang	iao	ian	ia	(iao)
4. ian	iang	iao	ia	(iang)
5. in	ing	iong		(in)
6. ing	iong	in		(iong)
7. iong	in	ing		(ing)
8. ie	iu	iao		(ie)
9. iu	iao	ie		(iu)
10. iao	ie	iu		(iao)
11. ang	eng	ing	iong	(ang)
12. ing	ang	iong	eng	(iong)
13. iong	eng	ing	ang	(ing)
14. eng	iong	ang	ing	(eng)

四 辨别声母

(一) 我说音节,请你说出它的声母。如我说jia,你说j。

jia   qia   xia   xie   qie   jie
jiang   xiang   qiang   xing   jing   qing

（二）我说音节，请你写出它的声母。如我说 jiao，你写 j。

jiao	qie	xiu	qian	jin
xiang	qing	jiang	qin	jing

音节练习

（一）辨别音节。在每组音节后面的括号内写下我说的音节(有关音节说三遍)。

1. jian	qian	tian	xian	(jian)
2. qian	tian	jian	xian	(tian)
3. tian	jian	xian	qian	(xian)
4. xian	qian	tian	jian	(qian)
5. jin	qin	xin		(jin)
6. qin	xin	jin		(xin)
7. xin	jin	qin		(qin)
8. xiang	qiang	jiang		(xiang)
9. jiang	xiang	qiang		(qiang)
10. qiang	jiang	xiang		(jiang)
11. qing	xing	jing	ding	(ding)
12. jing	ding	qing	xing	(qing)
13. xing	qing	ding	jing	(xing)
14. ding	jing	xing	qing	(jing)
15. jiong	qiong	xiong		(qiong)
16. xiong	jiong	qiong		(xiong)
17. qiong	xiong	jiong		(jiong)

（二）辨别声调。在每组音节后面的括号内写下我说的音节(有关音节说三遍)。

1. qīng	qíng	qǐng	qìng	(qǐng)
2. jīn	jín	jǐn	jìn	(jìn)
3. piāo	piáo	piǎo	piào	(piào)
4. xiē	xié	xiě	xiè	(xiě)
5. xīn	xín	xǐn	xìn	(xìn)
6. liū	liú	liǔ	liù	(liù)
7. qī	qí	qǐ	qì	(qī)
8. jiū	jiú	jiǔ	jiù	(jiǔ)
9. yē	yé	yě	yè	(yě)
10. yōu	yóu	yǒu	yòu	(yǒu)

（三）拼读音节。我说韵母，请你用声母 j、q、x 分别与它拼成音节。如我说 ia，你说 jia、qia、xia。

ia	jia	qia	xia
ie	jie	qie	xie
iao	jiao	qiao	xiao
iu	jiu	qiu	xiu
ian	jian	qian	xian
in	jin	qin	xin
iang	jiang	qiang	xiang
ing	jing	qing	xing
iong	jiong	qiong	xiong

（四）跟读双音节词：

jīntiān	kēxué
kōngdǎng	jīdàn
fēijī	jiātíng
jiāyǐ	xīngjiàn
tiānkōng	qīngnián
jiānxiǎn	gāoxìng
xīnxīng	xīnqíng
yīngyǒng	fāngxiàng

听写双音节词语

qǐng jìn	xièxie	tīngxiě
kàn xìn	méiyǒu	

第五课
Lesson 5

一　**听韵母。听四遍：第一遍静听，第二遍默读，第三、四遍跟读。**

ua	uo	uai	uei(-ui)
uan	uen(-un)	uang	ueng
üe	üan	ün	

二　**辨别韵母**

（一）在各组韵母后面的括号内写下我说的韵母(有关韵母说三遍)。

1. ua uo uai ui   (uai)
2. uo uai ui ua   (ui)
3. uai ui ua uo   (ua)
4. ui ua uo uai   (uo)
5. uan un uang ueng   (un)
6. ueng uan un uang   (uang)
7. uang ueng uan un   (un)
8. un uang ueng uan   (uan)
9. üe üan ün   (ün)
10. üan üe ün   (üan)
11. ün üe üan   (üe)
12. üan ian ün in   (üan)
13. ian üan in ün   (ian)
14. ün in üan ian   (ün)
15. in ün ian üan   (in)

（二）我说音节,请你写出它的韵母。

guai	guo	qie	que
kua	kuan	hun	huang
dui	dun	tuo	tuan
ju	jue	xuan	xun
niu	nüe	lu	lun

三 音节练习

（一）辨别声调。在每组音节后面的括号内写下我说的音节(有关音节说三遍)。

1. xuē	xué	xuě	xuè	(xué)
2. hān	hán	hǎn	hàn	(hàn)
3. huī	huí	huǐ	huì	(huí)
4. duī	duí	duǐ	duì	(duì)
5. yīng	yíng	yǐng	yìng	(yīng)
6. yū	yú	yǔ	yù	(yǔ)
7. wō	wó	wǒ	wò	(wǒ)
8. wēn	wén	wěn	wèn	(wèn)
9. yīn	yín	yǐn	yìn	(yīn)

（二）拼读音节：

1. 我说韵母，请你用声母g、k、h和它拼读。如我说ua，你说gua、kua、hua。

ua		gua	kua	hua
uo	→	guo	kuo	huo
uai		guai	kuai	huai
ui	→	gui	kui	hui
uan		guan	kuan	huan
un	→	gun	kun	hun
uang		guang	kuang	huang

2. 我说韵母，请你用声母j、q、x和它拼读。如我说ü，你说ju、qu、xu。

ü		ju	qu	xu
üe	→	jue	que	xue
üan		juan	quan	xuan
ün	→	jun	qun	xun

（三）跟读双音节词：

jiānqiáng	quèqiè	jiāotōng
quántǐ	hépíng	yǐqián
xǐhuan	jiàoxùn	xièjué
wéiqún	xīnwén	xìjūn
lúnxùn	gǒnggù	xúnwèn

四　**听写韵母和声调。我说双音节词，请你写出它们的韵母，并标上调号。**

lǚlì	jīngjì	gūkǔ
pīngpāng	guǎngkuò	bānpèi
qīngqiǎo	nǎonù	jiātíng
gēge	dāngtóu	jiāotōng
nǚlán	tǎnkè	táitóu

五　**听写双音节词**

yōuxiù	wǎnhuì	wèntí
yǔyán	yōuyuè	wānqū

六　**听后回答问题**

Wǒ xuéxí Hànyǔ. Hànyǔ bù nán.
Tā xuéxí Fǎyǔ. Fǎyǔ yě bù nán.

问题：

1. Nǐ xuéxí Hànyǔ ma?

2. Hànyǔ nán ma?

3. Tā yě xuéxí Hànyǔ ma?

4. Fǎyǔ nán ma?

第六课
Lesson 6

一 **听韵母。听四遍:第一遍静听,第二遍默读,第三、四遍跟读。**

z　　c　　s

二 **辨别声母**

(一) 在每组声母后面的括号内写下我说的声母(有关声母说三遍)。

1. j 　　z 　　　　　　(j)
2. q 　　c 　　　　　　(c)
3. x 　　s 　　　　　　(s)
4. d 　　t 　　　　　　(d)
5. b 　　p 　　　　　　(b)
6. g 　　k 　　h 　　　(k)
7. z 　　c 　　s 　　　(z)
8. s 　　z 　　c 　　　(c)
9. j 　　q 　　x 　　　(x)
10. x 　　j 　　q 　　　(q)

(二) 我说音节,请你说声母。如我说 zǎo、cǎo,你说 z、c。

zǎo	cǎo	cǎo	sǎo
sǒu	zǒu	zán	cán
cāi	sāi	sāo	zāo
zāng	sāng	cōng	sōng
sàn	zàn		

三 **辨别韵母。我说音节,请你填上韵母。**

za	zai	cai	cao
sen	seng	cen	ceng
zun	zuan	sou	sao
zui	zu	can	cang

sen	san	ca	cuan
zan	zang	sai	song

四　音节练习

（一）辨别声调。在每组音节后面的括号内写下我说的音节(有关音节说三遍)。

1. zāi	zái	zǎi	zài	(zài)
2. qū	qú	qǔ	qù	(qù)
3. cī	cí	cǐ	cì	(cí)
4. sān	sán	sǎn	sàn	(sān)
5. zī	zí	zǐ	zì	(zì)
6. ēr	ér	ěr	èr	(èr)

（二）辨别音节。在各组音节后面的括号内写下我说的音节(有关音节说三遍)。

1. zai	cai	sai	(zai)
2. san	zan	can	(can)
3. cang	zang	sang	(sang)
4. song	cong	zong	(song)
5. zao	cao	sao	(cao)
6. zuan	cuan	suan	(zuan)
7. sun	zun	cun	(cun)

（三）拼读音节。我说韵母,请你用z、c、s和它拼读。如我说a,你说za、ca、sa。

a	→	za	ca	sa
e	→	ze	ce	se
i	→	zi	ci	si
ai	→	zai	cai	sai
ao	→	zao	cao	sao
ou	→	zou	cou	sou
an	→	zan	can	san
en	→	zen	cen	sen
ang	→	zang	cang	sang
eng	→	zeng	ceng	seng
ong	→	zong	cong	song
u	→	zu	cu	su
uo	→	zuo	cuo	suo

ui		zui	cui	sui
uan		zuan	cuan	suan
un		zun	cun	sun

（四）跟读拼音词语：

fēnzǐ	fǎzé	xīliúsuān
cítǐ	zúqiú	bàndǎotǐ
cūxì	gāngcái	zuòyònglì
cáiliào	sìfāng	cǎomùhuī
bǐsài	zǎoxiān	sānjiǎoxíng
sùdù	liúsuān	yùndòngyuán
diànzǔ	cānguān	xiàndàihuà
cǎogǎo	lùyīnjī	diànbīngxiāng
yùxí	cuòbiézì	

五 **辨别声调。我说词语，请你给它们标上调号。**

cǎiyòng	cānzàn	sàipǎo
zuòyè	sēnyán	huósāi
cànlàn	suānxìng	gōngzuò
cāozòng	sǎnmàn	cèliáng
cuīhuàjì	dàqìcéng	cānbiànliàng
suānjiǎnxìng	zuòbiāoxì	wúyǎngsuān

六 **听写短句**

1. Tā zài nǎr?

2. Wǒ mǎi cídiǎn.

3. Wǒmen yě xuéxí Hànyǔ.

七 **听后回答问题**

（一）Wǒ qù Wángfǔjǐng.

Wángfǔjǐng zài Tiān'ānmén dōngbian.

问题：

1. Nǐ qù nǎr?

2. Wángfǔjǐng zài nǎr?

（二）Wǒ xiě Hànzì.Tā dú kèwén.Wǒmen hěn máng.

问题：

1. Nǐ xiě Hànzì ma?

2. Tā dú kèwén ma?

3. Nǐmen máng ma?

第七课
Lesson 7

一 听声母。听四遍:第一遍静听,第二遍默读,第三、四遍跟读。

zh   ch   sh   r

二 辨别声母

(一) 在每组声母后面的括号内写下我说的声母(有关声母说三遍)。

1. ch	sh	r	zh	(zh)
2. sh	r	zh	ch	(r)
3. r	zh	ch	sh	(ch)
4. zh	ch	sh	r	(sh)
5. zh	z	j		(j)
6. z	zh	j		(zh)
7. c	ch	q		(c)
8. q	c	ch		(q)
9. x	s	sh		(sh)
10. sh	x	s		(x)

(二) 我说带声母zh的音节,请你改成带声母z的音节;我说带声母z的音节,请你改成带声母zh的音节。如我说zha,你说za;我说zai,你说zhai。

zha		za
zai	→	zhai
zei		zhei
zhao	→	zao
zhou		zou
zan	→	zhan
zen		zhen
zhang		zang
zheng		zeng
zong	→	zhong

zhuo	zuo
zui	zhui
zuan	zhuan
zhun	zun

（三）我说带声母ch(或c)的音节,请你改成带声母c(或ch)的音节。如我说cha,你说ca;我说ca,你说cha。

cha	ca
cai	chai
chao	cao
chou	cou
can	chan
cen	chen
chang	cang
ceng	cheng
cong	chong
chuo	cuo
cui	chui
cuan	chuan
chun	cun

（四）我说带声母sh(或s)的音节,请你改成带声母s(或sh)的音节。如我说sha,你说sa;我说sa,你说sha。

sha	sa
sai	shai
shao	sao
shou	sou
san	shan
sen	shen
shang	sang
seng	sheng
shuo	suo
sui	shui
suan	shuan
shun	sun

三　辨别声调。在各组音节后面的括号内写下我说的音节(有关音节说三遍)。

1. zhē	zhé	zhě	zhè	(zhè)
2. shī	shí	shǐ	shì	(shì)
3. shēn	shén	shěn	shèn	(shén)
4. shū	shú	shǔ	shù	(shū)
5. shuī	shuí	shuǐ	shuì	(shuí)
6. zhī	zhí	zhǐ	zhì	(zhī)
7. zuō	zuó	zuǒ	zuò	(zuò)
8. lāo	láo	lǎo	lào	(lǎo)
9. dāo	dáo	dǎo	dào	(dào)
10. shēng	shéng	shěng	shèng	(shēng)
11. lū	lú	lǔ	lù	(lù)
12. yīn	yín	yǐn	yìn	(yīn)
13. liān	lián	liǎn	liàn	(liàn)
14. nā	ná	nǎ	nà	(nǎ)
15. qī	qí	qǐ	qì	(qì)

四　拼音练习

(一) 我说韵母,请你用声母 zh、z 分别和它拼成音节。如我说 ai,你说 zhai、zai。

ai	zhai	zai
ao	zhao	zao
ou	zhou	zou
an	zhan	zan
en	zhen	zen
ang	zhang	zang
eng	zheng	zeng
ong	zhong	zong
u	zhu	zu
uo	zhuo	zuo
ui	zhui	zui
uan	zhuan	zuan
un	zhun	zun

（二）我说韵母,请你用声母ch、c分别和它拼成音节。如我说ai,你说chai、cai。

ai		chai	cai
ou	→	chou	cou
an		chan	can
en	→	chen	cen
ang		chang	cang
eng	→	cheng	ceng
ong		chong	cong
u	→	chu	cu
uo		chuo	cuo
ui	→	chui	cui
uan		chuan	cuan
un	→	chun	cun

（三）我说韵母,请你用声母sh、s分别和它拼成音节。如我说ai,你说shai、sai。

ai		shai	sai
ao	→	shao	sao
ou	→	shou	sou
an	→	shan	san
en	→	shen	sen
ang		shang	sang
eng		sheng	seng
u	→	shu	su
uo		shuo	suo
ui	→	shui	sui
uan		shuan	suan
un	→	shun	sun

（四）跟读拼音词语:

sīxīn	xūxīn	shūbāo
wùzhì	wǔshuì	wénzhāng
huǎnchōng	huǎnchàng	zhèngcháng
shìjiàn	shíxiàn	zhànzhēng
nóngyè	róngyì	chéngdān
tīng lùyīn	zhōubào	xiě Hànzì
zuò liànxí	wénzhàng	kàn diànyǐng

dú kèwén	zēngchǎn	wèn wèntí
shuō Hànyǔ	zànchéng	duìbuqǐ
xièxie nǐ	shèngdàn	bú kèqi

五 听写拼音词语

xūxīn	zhōubào	wǔshuì
zhèngcháng	zēngchǎn	zuò liànxí
wénzhāng	duìbuqǐ	

六 听后回答问题

A: Zhè shì shénme cídiǎn?

B: Zhè shì "Hàn-Yīng cídiǎn".

A: Shì nǐ de cídiǎn ma?

B: Zhè bú shì wǒ de cídiǎn, zhè shì lǎoshī de cídiǎn.

问题:

1. Zhè shì shénme cídiǎn?

2. Zhè shì nǐ de cídiǎn ma?

3. Zhè shì shuí de cídiǎn?

第八课
Lesson 8

一 　听声母。听三遍：第一遍静听，第二遍跟读，第三遍听写。

1. b	p	m	f
2. d	t	n	l
3. g	k	h	
4. j	q	x	
5. z	c	s	
6. zh	ch	sh	r

二 　听韵母。听三遍：第一遍静听，第二遍跟读，第三遍听写。

1. a	o	e	i	u　　ü
2. ai	ei	ao	ou	
an	en	ang	eng	ong
3. ia	ie	iao	iu	
ian	in	iang	ing	iong
4. ua	uo	uai	ui	
uan	un	uang	ueng	
5. üe	üan	ün	er	

三 　辨别声调。在每组音节后面的括号内写下我说的音节(有关音节说三遍)。

1. guō	guó	guǒ	guò	(guó)
2. rēn	rén	rěn	rèn	(rén)
3. jiāo	jiáo	jiǎo	jiào	(jiào)
4. mīng	míng	mǐng	mìng	(míng)
5. liū	liú	liǔ	liù	(liú)
6. shēng	shéng	shěng	shèng	(shēng)
7. zāi	zái	zǎi	zài	(zài)
8. biān	bián	biǎn	biàn	(biàn)
9. zhū	zhú	zhǔ	zhù	(zhù)

| 10. yī | yí | yǐ | yì | (yì) |
| 11. diāo | diáo | diǎo | diào | (diào) |

四 **听写声母。我说音节,请你写出它的声母。**

dōngbian	zhōngxiàn
kōngqián	gōngjiàn
cháojiě	dàoqiè
zàojiù	zhāotiē
fěnbǐ	mènqì
zhèndì	shēntǐ
kuānglāng	shuānggàng
chuāngshāng	huāngtáng

五 **听写韵母和声调。我说音节,请你写出它的韵母并标出调号。**

rèliè	zhànzhēng
diàndìng	fēnfāng
kāikěn	nǎonù
mìngmài	shēnsuō
zhuózhuàng	xuéxíng
tūntǔ	shuǐshǒu
shénshèng	quèqiè
qīngqiǎo	máimò

六 **听写双音节词**

sēnlín	wēncún
qiānxùn	qiánjìn
guāngmíng	guāngróng
chéngzhǎng	gōngchǎng
pángbiān	pǔbiàn
dǎtōng	diàntái
gōngkè	kuànggōng
zhìzuò	zànzhù
cānchē	chācuò
suànshù	shùshuō

听写短句并回答

1. 你爸爸、妈妈好吗?

2. 你是留学生吗?

3. 你是哪国人?

4. 你叫什么名字?

5. 你学习汉语吗?

6. 你有汉语书吗?

7. 你去天安门吗?

8. 马老师是哪国人?

9. 你哥哥是大夫吗?

10. 你妹妹是工人吗?

 听后回答问题

A: Nǐ hǎo!

B: Nǐ hǎo!

A: Nǐ shì liúxuéshēng ma?

B: Wǒ shì liúxuéshēng.

A: Nǐ zài nǎr xuéxí?

B: Wǒ zài Běijīng Yǔyán Dàxué xuéxí.

A: Nǐ jiào shénme míngzi?

B: Wǒ jiào Ā'ěrmǎ. Nǐ jiào shénme míngzi?

A: Wǒ jiào Dīng Lì.

B: Nǐ shì lǎoshī ma?

A: Wǒ bú shì lǎoshī, wǒ shì xuésheng.

B: Nǐ xuéxí shénme?

A: Wǒ xuéxí Yīngyǔ.

B: Yīngyǔ nán ma?

A: Bù nán, wǒ hěn xǐhuan Yīngyǔ.

问题:

1. Ā'ěrmǎ shì liúxuéshēng ma?

2. Dīng Lì shì liúxuéshēng ma?

3. Ā'ěrmǎ zài nǎr xuéxí?

4. Dīng Lì xuéxí shénme?

第九课

Lesson 9

一 听后完成下列三组对话

A：你好！

B：你好！

A：你是法国留学生吗？

B：我是法国留学生。

A：我是中国学生，我叫丁力。你呢？

B：我叫保罗。

（一）A：<u>丁力是中国学生</u>吗？

　　　B：丁力是中国学生。

（二）A：<u>保罗是留学生</u>吗？

　　　B：保罗是留学生。

（三）A：<u>保罗是法国人</u>吗？

　　　B：保罗是法国人。

二 听后连线

保罗是法国留学生。他爸爸是老师，妈妈是大夫。他哥哥是工程师，姐姐是工人，妹妹是学生。

保罗	学生
爸爸	工程师
妈妈	工人
哥哥	大夫
姐姐	留学生
妹妹	老师

三 听后判断（正确的画√）

我叫阿尔玛，我是英国留学生。我在北京语言大学学习。她是我朋友，她叫玛丽。她是英国人,她在北京大学学习。

1. 阿尔玛是玛丽的朋友。　　　　　　(√)
2. 阿尔玛是英国人。　　　　　　　　(√)
3. 玛丽是美国人。　　　　　　　　　(　)
4. 阿尔玛在北京语言大学学习。　　　(√)
5. 玛丽也在北京语言大学学习。　　　(　)
6. 阿尔玛不在北京大学学习。　　　　(√)

四　听写句子

1. 你是美国留学生吗?
2. 我不是美国留学生,我是英国留学生。
3. 这是中国学生,他叫丁力。
4. 我爸爸是工程师,妈妈是大夫。
5. 卡洛斯在北京语言大学学习。

五　听后回答问题并复述课文

　　　　保罗是法国留学生,他在北京语言大学学习。阿尔玛是他朋友,阿尔玛是英国留学生,她也在北京语言大学学习。玛丽是英国人,她也是保罗的朋友,她在北京大学学习。

(一) 听第一遍,回答问题:

1. 保罗是法国留学生吗? (保罗是法国留学生。)
2. 阿尔玛是美国留学生吗? (阿尔玛不是美国留学生。)
3. 玛丽在北京语言大学学习吗? (玛丽不在北京语言大学学习。)

(二) 听第二遍,复述课文。

生词

朋友　　(名)　　péngyou　　　　friend

第十课
Lesson 10

 听后回答问题

A：你是哪国人？

B：我是法国人。

A：你叫什么名字？

B：我叫保罗。

A：你是留学生吗？

B：我是留学生。

A：你在哪儿学习？

B：我在北京语言大学学习。

A：你学习什么？

B：我学习汉语。

问题：

1. 保罗是哪国人？（保罗是法国人。）

2. 谁是法国人？（保罗是法国人。）

3. 保罗在哪儿学习？（保罗在北京语言大学学习。）

4. 谁在北京语言大学学习？（保罗在北京语言大学学习。）

5. 保罗学习什么？（保罗学习汉语。）

 听后填空

（一）我们的教室在教学楼。阿尔玛的教室是316号。504号是卡洛斯的教室。丁力的教室是427号。

1. 阿尔玛的教室是<u>316</u>号。

2. 卡洛斯的教室是<u>504</u>号。

3. 丁力的教室是<u>427</u>号。

（二）我叫阿尔玛，我的宿舍在八楼。卡洛斯住九楼。丁力不住八楼，他住十楼。

1. 卡洛斯住<u>九</u>楼。

2. 丁力住<u>十</u>楼。

3. 阿尔玛住<u>八</u>楼。

听后判断(正确的画√)

　　我叫阿尔玛,我是英国留学生。他们是我的好朋友。他叫丁力,是中国学生。他叫保罗,是法国留学生。我学习汉语,保罗也学习汉语。马老师教我们。丁力学习英语。丁力的老师也姓丁。

　　　　1. 阿尔玛是中国学生。　　　　（　）
　　　　2. 丁力是美国学生。　　　　　（　）
　　　　3. 保罗是法国学生。　　　　　（√）
　　　　4. 丁力学习英语。　　　　　　（√）
　　　　5. 保罗也学习英语。　　　　　（　）
　　　　6. 阿尔玛学习汉语。　　　　　（√）
　　　　7. 阿尔玛的老师是马老师。　　（√）
　　　　8. 丁老师是丁力的老师。　　　（√）
　　　　9. 丁老师教保罗。　　　　　　（　）
　　　10. 阿尔玛不是保罗的朋友。　　（　）

 听后写

　　阿尔玛是英国留学生。她在北京语言大学学习汉语。马老师教他们。他们班的教室是316号。阿尔玛的宿舍在八楼,她住324号。

第十一课
Lesson 11

一 听后回答问题

（一）A：阿尔玛，你去哪儿？

B：我去王府井。卡洛斯，你呢？

A：我去五道口商店。

B：我们一起去王府井，好吗？

A：对不起，我不去。

问题：

1. 阿尔玛去哪儿？（阿尔玛去王府井。）

2. 卡洛斯去王府井吗？他去哪儿？（卡洛斯不去王府井。他去五道口商店。）

（二）A：你去哪儿？

B：我去教室。你呢？

A：我去图书馆。

B：我们一起去教室，好吗？

A：好。我们一起听录音，读课文。

问题：

1. 他们一起去哪儿？（他们一起去教室。）

2. 他们去教室做什么？（他们一起听录音，读课文。）

二 听后在每一个答句中加上适当的数量词

例如：你听到：A：这是什么？

B：这是汉语书。

你写：这是一本汉语书。

1. A：这是什么？

B：这是毛衣。

2. A：那是什么？

B：那是钢笔。

3. A：这是什么?

　　B：这是汽水。

4. A：那是什么?

　　B：那是苹果。

5. A：这是谁?

　　B：这是我的中国朋友。

6. A：他是谁?

　　B：他是美国留学生。

7. A：您买什么?

　　B：我买衬衣和毛衣。

8. A：您买什么?

　　B：我买本子和铅笔。

9. A：您买什么?

　　B：我买苹果和啤酒。

10. A：您买什么?

　　B：我买手机。

三　听后判断(正确的画√)

A：阿尔玛,我们一起去商店,好吗?

B：好。卡洛斯,你买什么?

A：我买两件衬衣。你呢?

B：我买三支铅笔,还买四个本子。

1. 阿尔玛和玛丽一起去商店。　　　　　　( )
2. 卡洛斯和阿尔玛一起去商店。　　　　　(√)
3. 卡洛斯买铅笔。　　　　　　　　　　　( )
4. 卡洛斯买两件衬衣。　　　　　　　　　(√)
5. 阿尔玛买四个本子,还买三支铅笔。　　(√)

四　听后填空

A：请问,有啤酒吗?

B：有,买几瓶?

A：买两瓶。

B：还买什么?

A：五个苹果,五个梨。

B：这儿有汽水,你买吗?

A：买四瓶。

他买(两瓶)啤酒、(四瓶)汽水、(五个)苹果和(五个)梨。

五　听写句子

1. 我们一起去商店,好吗?
2. 那儿卖苹果、啤酒和汽水。

3. 我买一支钢笔和五个本子。

4. 你还买衬衣和毛衣吗?

5. 我买两件那种衣服。

6. 我买手机,他买数码相机。

7. 阿尔玛买摄像机。

8. 丁力买MP3。

生词

图书馆	（名）	túshūguǎn	library
这儿	（代）	zhèr	here
五道口	（专名）	Wǔdàokǒu	*name of a place*

第十二课
Lesson 12

一　听后选择正确答案

A：卡洛斯,你去不去王府井?

B：王府井远不远?

A：王府井不太远。

B：安娜,那儿有书店吗?

A：有两个很大的书店。

B：好,我们一起去。我买一本词典。

A：我买一件衬衣。

1. 王府井远不远?

　A. 王府井不远。

　B. 王府井很远。

　C. 王府井不太远。　　　　　　　　　　　　　　　　　　(C)

2. 王府井的书店大不大?

　A. 王府井的书店不大。

　B. 王府井的书店很大。

　C. 王府井的书店不太大。　　　　　　　　　　　　　　　　(B)

3. 谁买词典?

　A. 安娜买词典。

　B. 卡洛斯买词典。

　C. 玛丽买词典。　　　　　　　　　　　　　　　　　　　　(B)

4. 谁去王府井?

　A. 安娜去王府井。

　B. 丁力去王府井。

　C. 玛丽去王府井。　　　　　　　　　　　　　　　　　　　(A)

5. 谁买衬衣?

　A. 安娜买衬衣。

　B. 卡洛斯买衬衣。

　C. 玛丽买衬衣。　　　　　　　　　　　　　　　　　　　　(A)

6. 谁和谁一起去王府井?

    A. 安娜和卡洛斯一起去王府井。

    B. 安娜和玛丽一起去王府井。

    C. 卡洛斯和玛丽一起去王府井。   （A）

听后填空(用形容词做谓语)

A: 我们一起去王府井,好吗?

B: 好,王府井远不远?

A: 不太远。

B: 那儿商店多不多?

A: 很多。

B: 东西多不多?

A: 东西很多,也很好看。

王府井<u>不太远</u>。那儿商店<u>很多</u>。东西<u>很多</u>,也<u>很好看</u>。

听后根据课文快速回答问题

A: 卡洛斯,这件衬衣怎么样?

B: 这件衬衣很好看。

A: 你喜欢不喜欢这种颜色?

B: 喜欢。

A: 合适不合适?

B: 不大也不小,非常合适。

A: 你买这件吗?

B: 买这件。

问题:

1. 卡洛斯看这件衬衣怎么样?（这件衬衣很好看）

2. 他喜欢不喜欢这种颜色?（喜欢。）

3. 这件衬衣合适不合适?（不大也不小,非常合适。）

4. 他买这件吗?（他买这件。）

四　**听后写**

　　北京友谊商店的衬衣很多,也很好看。安娜和卡洛斯都喜欢这种白色的衬衣。这种衬衣非常便宜。

五　**听后分角色对话**

A：您好!我买衬衣。

B：您买哪种?

A：我买那种白衬衣。

B：这件怎么样?

A：这件太小,我看看那件。

B：这件合适不合适?

A：这件不大,也不小,很合适。

B：你买这件吗?

A：我买这件。

生词

书店	（名）	shūdiàn	bookstore
王府井	（专名）	Wángfǔjǐng	*name of a street*
友谊商店	（专名）	Yǒuyì Shāngdiàn	*The Friendship Store*

第十三课
Lesson 13

一　听后填出钱数

A：您买什么书？

B：我买一本《英汉词典》。

A：这本词典七十三块二。您还买什么？

B：一本《汉语语法》，两本《怎样练习写汉字》。

A：《汉语语法》三十二块七，《怎样练习写汉字》十块八毛四。

B：给您钱。

A：一共是一百二十七块五毛八，找您二十二块四毛二。

一本《英汉词典》七十三块二。

一本《汉语语法》三十二块七。

一本《怎样练习写汉字》十块八毛四。

两本《怎样练习写汉字》二十一块六毛八。

这些书一共一百二十七块五毛八。

找他二十二块四毛二。

他给售货员一百五十块。

二　跟我说，并写出用"几"或"多少"对下列句子提问的问句

例如：你听到：我有一本汉语书。

你说：我有一本汉语书。

你写：你有几本汉语书？

1. 我们班有六个女同学。（你们班有几个女同学？）

2. 玛丽有一个新手机。（玛丽有几个新手机？）

3. 半斤香肠十五块四。（半斤香肠多少钱？）

4. 三个面包十六块五毛钱。（三个面包多少钱？）

5. 我们学校有一千六百八十个学生。（你们学校有多少个学生？）

6. 这个摄像机两千七百六十块。（这个摄像机多少钱？）

听后用双宾语填空

(一)马老师是我们的老师,他教听说课。
　　王老师是他们的老师,他教阅读课。

　　1.马老师教<u>我们听说课</u>。
　　2.王老师教<u>他们阅读课</u>。

(二)丁老师是丁力的爸爸,也是丁力的英语老师。丁力的妈妈是王老师。王老师也教英语,她教丁力的妹妹。

　　1.丁老师教<u>丁力英语</u>。
　　2.王老师教<u>丁力的妹妹英语</u>。

四 **听后记下钱数并计算**

1.阿尔玛在商店买衣服。一件衬衣七十块,一条裤子一百零五块,一件毛衣二百三十八块。请问,一共多少钱?阿尔玛给商店的售货员四百五十块钱,找她多少钱?

　　一件衬衣<u>七十块</u>。
　　一条裤子<u>一百零五块</u>。
　　一件毛衣<u>二百三十八块</u>。
　　一共<u>四百一十三块</u>。
　　阿尔玛给售货员<u>四百五十块</u>。
　　找她<u>三十七块</u>。

2.卡洛斯在商店买东西。他买四个面包、半斤香肠、八瓶汽水和两斤苹果。一个面包八块,一斤香肠三十块八毛,一瓶汽水三块五毛,一斤苹果四块五毛。请问,卡洛斯买的东西一共多少钱?

　　一个面包<u>八块</u>。
　　一斤香肠<u>三十块八毛</u>。
　　一瓶汽水<u>三块五毛</u>。
　　一斤苹果<u>四块五毛</u>。
　　卡洛斯买的东西:
　　<u>四个面包</u>。
　　<u>半斤香肠</u>。

八瓶汽水。

两斤苹果。

卡洛斯买的东西一共八十四块四毛。

五　听写句子

1. 请问,半斤香肠多少钱?

2. 我买四个面包,一共多少钱?

3. 还买别的东西吗?

4. 这是一百二十块,找你三块四毛。

生词

听说课	（名）	tīngshuōkè	listening and speaking class
阅读课	（名）	yuèdúkè	reading comprehension class
王	（专名）	Wáng	Wang (*a surname*)
售货员	（名）	shòuhuòyuán	shop assistant

第十四课

Lesson 14

 听后根据课文快速回答问题

（一）A：卡洛斯，你去北京大学吗？

　　　B：我不去北京大学。

　　　A：谁去北京大学？

　　　B：阿尔玛去北京大学。

　　　A：你去哪儿？

　　　B：我去商店。

　　　A：再见！

　　　B：再见！

问题：

1.卡洛斯去北京大学吗？（卡洛斯不去北京大学。）

2.谁去北京大学？（阿尔玛去北京大学。）

3.卡洛斯去哪儿？（卡洛斯去商店。）

（二）A：阿尔玛，你买什么？

　　　B：我买啤酒。

　　　A：买几瓶？

　　　B：买四瓶。卡洛斯，你买什么？

　　　A：我买汽水。

　　　B：买几瓶？

　　　A：买六瓶。

　　　B：你还买什么？

　　　A：再买两斤苹果。

问题：

1.阿尔玛买什么？（阿尔玛买啤酒。）

2.买几瓶？（买四瓶。）

3. 卡洛斯买什么？（卡洛斯买汽水。）

4. 卡洛斯还买什么？（他还买两个苹果。）

二 跟我说，然后写出对下列句子提问的问句

（一）用疑问句(1)对下列句子提问：

例如：你听到：他是学生。

你说：他是学生。

你写：他是学生吗？

1. 阿尔玛是英国留学生。（阿尔玛是英国留学生吗？）

2. 保罗是法国留学生。（保罗是法国留学生吗？）

3. 他是大夫。（他是大夫吗？）

4. 他爸爸是工程师。（他爸爸是工程师吗？）

5. 我姐姐是老师。（你姐姐是老师吗？）

6. 他买手机。（他买手机吗？）

7. 我买摄像机。（你买摄像机吗？）

8. 卡洛斯去北京大学。（卡洛斯去北京大学吗？）

9. 这双鞋很便宜。（这双鞋便宜吗？）

10. 那件衣服不好看。（那件衣服好看吗？）

（二）用疑问句(2)对下列句子提问：

例如：你听到：玛丽是英国人。(哪)

你说：玛丽是英国人。

你写：玛丽是哪国人？

1. 丁力是阿尔玛的朋友。（谁）（谁是阿尔玛的朋友？/丁力是谁的朋友？）

2. 马老师教汉语。（谁）（谁教汉语？）

3. 玛丽是英国留学生。（哪）（玛丽是哪国留学生？）

4. 老师是中国人。（哪）（老师是哪国人？）

5. 丁力学习英语。（什么）（丁力学习什么？）

6. 他叫卡洛斯。（什么）（他叫什么名字？）

7. 这条领带很好看。（怎么样）（这条领带怎么样？）

8. 这双旅游鞋一千三百七十块钱。（多少）（这双旅游鞋多少钱？）

9. 我住七号楼。（几）（你住几号楼？）

10. 我们都去北京友谊商店。（哪儿）（你们都去哪儿？）

(三) 用疑问句(3)对下列句子提问：

　　例如：你听到：那种苹果很便宜。

　　　　　你说：那种苹果很便宜。

　　　　　你写：那种苹果便宜不便宜？

　　1. 马老师是我们的老师。（马老师是不是你们的老师？）

　　2. 王老师教他们英语。（王老师教不教他们英语？）

　　3. 他的毛衣很合适。（他的毛衣合适不合适？）

　　4. 我姐姐很忙。（你姐姐忙不忙？）

　　5. 她也是英国留学生。（她是不是英国留学生？）

　　6. 这件毛衣非常好看。（这件毛衣好看不好看？）

　　7. 我们去天安门。（你们去不去天安门？）

　　8. 丁力学习英语。（丁力学习不学习英语？）

　　9. 我买数码相机。（你买不买数码相机？）

　10. 北京友谊商店很远。（北京友谊商店远不远？）

(四) 用"……，好吗？"对下列句子提问：

　　例如：你听到：你问，我回答。

　　　　　你说：你问，我回答。

　　　　　你写：你问，我回答，好吗？

　　1. 我们去北京大学。（我们去北京大学，好吗？）

　　2. 我们一起去商店。（我们一起去商店，好吗？）

　　3. 我买这件毛衣。（我买这件毛衣，好吗？）

　　4. 我们去教学楼。（我们去教学楼，好吗？）

　　5. 我们一起去天安门。（我们一起去天安门，好吗？）

　　6. 这件衣服再便宜点儿吧。（这件衣服再便宜点儿吧，好吗？）

　　7. 我们一起学习汉语。（我们一起学习汉语，好吗？）

　　8. 我们住一个房间。（我们住一个房间，好吗？）

　　9. 我们一起写汉字。（我们一起写汉字，好吗？）

　10. 你教我英语。（你教我英语，好吗？）

三　听后填表

　　阿尔玛是英国留学生，保罗是法国留学生，他们都在北京语言大学学习汉语。他们班有十三个学生。马老师教他们。他们的教室在教学楼316号。玛丽是他们的朋友，她是英国人，她在北京大学学习，她也学习汉语。他们班有二十个学生。她的老师姓丁。

	他(她)是哪国人?	他(她)在哪儿学习?	谁是他(她)的老师?	他们班有多少人?
阿尔玛	英国人	北京语言大学	马老师	十三个
保罗	法国人	北京语言大学	马老师	十三个
玛丽	英国人	北京大学	丁老师	二十个

四　听后回答问题

1. 你们学习什么?

2. 你们班有多少学生?

3. 你们班有女学生吗?

4. 你们的教室在哪儿?

5. 你们的教室是多少号?

6. 谁教你们汉语?

7. 你们住几楼?

8. 我们一起去商店,好吗?

9. 你买什么?

10. 你还买什么?

五　听后分角色对话

(一) A: 阿尔玛,我们一起去商店,好吗?

B: 好。卡洛斯,你买什么?

A: 我买一件衬衣。你买什么?

B: 我买一支钢笔、三个本子和两瓶啤酒。这个商店卖啤酒吗?

A: 不卖。

B: 哪儿卖啤酒?

A: 那家商店卖。

B: 那家商店还卖什么?

A: 还卖汽水、苹果……

B: 我去买五个苹果。

(二) A: 我买鞋。

B: 您要哪种?

A: 要那种。

B: 您看这双怎么样?

A: 很好看。多少钱一双?

B：一百九十八块。

A：这双鞋不贵，我要一双。

B：您看合适不合适？

A：不大也不小，非常合适，给您钱。

B：您这是二百块，找您两块。

A：再见！

B：再见！

第十五课
Lesson 15

一　跟我说，并写出对下列句子的谓语部分提问的问句

例如：你听到：丁力今年十九岁。

你说：丁力今年十九岁。

你写：丁力今年多大？

1. 我爸爸今年六十岁。（你爸爸今年多大？）
2. 我妈妈今年五十五岁。（你妈妈今年多大？）
3. 我姐姐二十三岁。（你姐姐多大？）
4. 我哥哥二十一岁。（你哥哥多大？）
5. 我今年十九岁。（你今年多大？）
6. 她的孩子今年六岁。（她的孩子今年多大？）
7. 我爸爸身体很好。（你爸爸身体怎么样？）
8. 我妈妈身体不错。（你妈妈身体怎么样？）
9. 我妹妹身体不太好。（你妹妹身体怎么样？）
10. 我弟弟学习很好。（你弟弟学习怎么样？）

二　听后连线

安东尼是北京语言大学的学生，她是意大利人。她家有七口人。她爸爸是老师，妈妈是大夫。哥哥在邮局工作，他是工人。姐姐在工厂工作，她是工程师。妹妹在医院工作，她也是大夫。安东尼还有一个弟弟，今年十八岁，也在中国学习。安东尼的弟弟是北京大学的学生。

爸爸	工厂	工人
妈妈	学校	工程师
哥哥	医院	大夫
姐姐	邮局	学生
弟弟	北京大学	老师
妹妹	北京语言大学	
安东尼		

三　听后判断(正确的画√)

A：丁力,你家有几口人?

B：有四口人:爸爸、妈妈、哥哥和我。

A：你爸爸、妈妈多大年纪?

B：爸爸今年六十三岁,妈妈今年六十一岁。

A：他们在哪儿工作?

B：爸爸在学校工作,他是老师。妈妈在医院工作,她是大夫。

A：他们工作怎么样?

B：他们已经退休了。

A：他们身体好不好?

B：他们身体很好。

A：你哥哥在哪儿工作?

B：哥哥是学生,他在英国学习。

A：他学习怎么样?

B：他学习很努力,成绩很好。

A：他身体怎么样?

B：他身体非常棒。

　　玛丽,你家有几口人?

A：我家有五口人:爸爸、妈妈、弟弟、妹妹和我。

B：你爸爸、妈妈在哪儿工作?

A：爸爸在工厂工作,他是工程师。妈妈在公司工作,她是经理。

B：你弟弟和妹妹呢?

A：弟弟在邮局工作,他是职员。妹妹是学生。

A：你弟弟结婚了吗?

B：他已经结婚了。

A：他有没有孩子?

B：有一个女孩子,很可爱。

A：今年几岁?

B：两岁。

1. 玛丽家有五口人。　　　　　　　　　　　　　　(√)

2. 丁力家也有五口人。　　　　　　　　　　　　　(　)

3. 丁力家有爸爸、妈妈、弟弟、妹妹和他。　　　　(　)

4. 丁力的爸爸今年六十一岁,妈妈今年六十三岁。　(　)

5. 丁力的爸爸、妈妈都在学校工作。　　　　　　(　)

6. 丁力的爸爸、妈妈都退休了。　　　　　　　(√)

7. 丁力的爸爸、妈妈身体都很好。　　　　　　(√)

8. 丁力的哥哥在英国学习。　　　　　　　　　(√)

9. 丁力的哥哥学习很好。　　　　　　　　　　(√)

10. 丁力的哥哥身体不太好。　　　　　　　　　(　)

11. 玛丽的爸爸在工厂工作,他是工程师。　　　(√)

12. 玛丽的妈妈在公司工作,她是经理。　　　　(√)

13. 玛丽的弟弟在邮局工作,他是职员。　　　　(√)

14. 玛丽的弟弟已经结婚了。　　　　　　　　　(√)

15. 玛丽的弟弟没有孩子。　　　　　　　　　　(　)

16. 玛丽的妹妹在学校学习。　　　　　　　　　(√)

四　听写句子

1. 他身体不错,我身体不太好。

2. 我家有四口人:爸爸、妈妈、弟弟和我。

3. 我爸爸在邮局工作,妈妈在学校工作。

4. 你爸爸、妈妈多大年纪?

5. 我有一个女孩儿、一个男孩儿,女孩儿今年九岁,男孩儿今年四岁。

生词

女孩儿	（名）	nǚháir	girl
男孩儿	（名）	nánháir	boy
意大利	（专名）	Yìdàlì	Italy

第十六课
Lesson 16

一　听后回答问题

　　安娜是北京语言大学的学生,玛丽是北京大学的学生,她们是好朋友。今天晚上北京语言大学有英国电影,北京大学有中国电影。安娜喜欢看中国电影。晚上,她去北京大学,她和玛丽一起看电影。

问题:

1. 安娜是北京语言大学的学生还是北京大学的学生?(她是北京语言大学的学生。)

2. 今天晚上,北京语言大学的电影是中国的还是外国的?(外国的。)

3. 安娜喜欢中国电影还是英国电影?(中国电影。)

4. 安娜是一个人看电影还是和玛丽一起看电影?(她和玛丽一起看电影。)

二　听后判断:(正确的画√)

A:安东尼,你找什么?

B:我找毛衣。

A:你的毛衣是什么颜色的?

B:是白的。

A:是这件吗?

B:不是,我的毛衣是新的。

A:这件是谁的?

B:可能是卡洛斯的,刚才他也在这儿锻炼身体。

A:卡洛斯,这件毛衣是你的吗?

C:是我的,谢谢。

1. 安东尼的毛衣是新的。　　　　　(√)

2. 卡洛斯的毛衣也是新的。　　　　(　)

3. 安东尼的毛衣是红的。　　　　　(　)

4. 卡洛斯的毛衣是蓝的。　　　　　(　)

5. 安东尼有一件新的白毛衣。　　　(√)

6. 卡洛斯有一件旧的红毛衣。   （ ）
7. 安东尼有一件新的蓝毛衣。   （ ）
8. 卡洛斯有一件旧的白毛衣。   （√）

三 听写句子

1. 我找安娜,我们一起去邮局。
2. 晚上有电影,你知道吗?
3. 下午的电影是中国的还是外国的?
4. 你的衬衣是白颜色的还是黄颜色的?
5. 这个手机不是我的,可能是丁力的。

四 听后分角色对话

A:玛丽,你看不看电影?

B:什么电影? 是中国的还是外国的?

A:是中国的。

B:我喜欢看电影,我一定看。

A:我知道你一定看。

B:是下午的还是晚上的?

A:晚上的。

B:你看吗?

A:我也去看。我们一起去,好吗?

B:好。

生词

今天   （名）   jīntiān   today

第十七课

Lesson 17

一　听后在括号内填上时间

A：你每天早上几点起床？

B：我六点一刻起床，差一刻七点吃早饭。

A：你们几点上课？

B：八点上课，十二点下课。

A：几点吃午饭？

B：十二点半吃午饭。

A：每天下午你做什么？

B：下午两点我在教室听录音。

A：你每天什么时候锻炼身体？

B：下午四点。

A：你们晚上几点吃晚饭？

B：六点吃晚饭。

A：晚上你做什么？

B：我看电视，看报，上网，复习课文，预习生词。十点半睡觉。

起床　　（六点一刻）　　　　锻炼身体（四点）

吃早饭（差一刻七点）　　　　吃晚饭　（六点）

上课　　（八点）　　　　　　下课　　（十二点）

吃午饭（十二点半）　　　　　听录音　（两点）

睡觉　　（十点半）

二　听后回答问题：

　　保罗和西多夫住一个房间。保罗学习很努力。他每天早上六点起床，七点吃饭，七点半去教室。他在教室读课文，写汉字。

　　西多夫喜欢睡觉。他每天七点半起床，八点到教室。

　　中午十二点下课。十二点二十保罗和西多夫一起吃午饭，下午一点他们睡觉。保罗两点起床，西多夫不起床。保罗听录音，复习课文，四点去锻炼。西多夫三点起床。

晚上,保罗看电视,预习新课,上网,十点半睡觉。西多夫晚上很忙,他不看电视,他复习旧课,预习新课,十点半他写汉字,十一点半睡觉。

问题:

1. 保罗和谁住一个房间?(西多夫)

2. 他们每天几点起床?(保罗六点起床。西多夫七点半起床。)

3. 早上保罗几点吃饭?西多夫呢?(保罗七点吃早饭。西多夫不吃早饭。)

4. 早上保罗在教室做什么?(早上保罗在教室读课文,写汉字。)

5. 下午保罗做什么?(下午保罗听录音,复习课文,锻炼。)

6. 下午西多夫做什么?(下午西多夫睡觉。)

7. 晚上保罗做什么?几点睡觉?(晚上保罗看电视,预习新课,上网,十点半睡觉。)

8. 晚上西多夫做什么?几点睡觉?(晚上西多夫复习旧课,预习新课,写汉字,十一点半睡觉。)

三 听后回答问题

我叫丁力,我在北京语言大学学习英语。我和爸爸、妈妈一起住。我们每天早上六点起床,六点半吃早饭。爸爸是老师,他七点去学校工作。妈妈是大夫,她七点一刻去医院工作。我七点半去语言大学学习。我们八点上课。中午我在学校吃午饭。下午一点半我在教室听录音、学习英语,四点半我去锻炼身体。

晚上六点,我和爸爸、妈妈一起在家吃晚饭。六点半我们一起看电视。晚上我复习课文、做练习、预习生词、上网,爸爸妈妈看书、看报、看电视。

我每天十点半睡觉。

问题:

1. 丁力在哪儿学习?(他在北京语言大学学习。)

2. 他和谁一起住?(他和爸爸、妈妈一起住。)

3. 他每天几点起床?(他每天六点起床。)

4. 他每天几点吃早饭?(他每天六点半吃早饭。)

5. 他爸爸几点去学校工作?(他爸爸七点去学校工作。)

6. 他妈妈几点去医院工作?(他妈妈七点一刻去医院工作。)

7. 丁力几点去北京语言大学学习?(他七点半去北京语言大学学习。)

8. 他几点上课?(他八点上课。)

9. 中午丁力在哪儿吃午饭?(中午他在学校吃午饭。)

10. 下午丁力做什么?(下午他听录音、学习英语、锻炼身体。)

11. 丁力几点吃晚饭?(他六点吃晚饭。)

12. 晚上丁力和谁一起吃晚饭?(他和爸爸、妈妈一起吃晚饭。)

13. 晚上六点半丁力做什么?(晚上六点半他看电视。)

14. 晚上丁力还做什么？（晚上他还复习课文、做练习、预习生词、上网。）

15. 晚上他爸爸妈妈做什么？（他们看书、看报、看电视。）

16. 丁力几点睡觉？（他十点半睡觉。）

四　**听后写**

　　安东尼每天早上六点起床。七点吃早饭。八点上课，十二点下课，十二点半吃午饭。下午她在宿舍复习课文，做练习。差一刻五点的时候，她去锻炼身体。晚上，她预习生词，听录音，看电视，上网。十点半睡觉。

生词

早饭	（名）	zǎofàn	breakfast
午饭	（名）	wǔfàn	lunch
晚饭	（名）	wǎnfàn	supper, dinner
西多夫	（专名）	Xīduōfū	Seedorf

第十八课
Lesson 18

一 听后选择正确答案

卡洛斯、保罗和丁力是好朋友,每天下午,他们三个人一起在卡洛斯的宿舍做练习。保罗汉字写得很好看。卡洛斯分析句子分析得很清楚。丁力记英语生词记得很快。他们互相帮助,他们学习都很努力,学习成绩都很好。

下午四点半,他们一起锻炼身体。丁力喜欢打篮球,他篮球打得很好。卡洛斯也喜欢打篮球。保罗不喜欢打篮球,他喜欢踢足球,他足球踢得很好。

1. 卡洛斯和谁是好朋友?
   A. 卡洛斯和保罗是好朋友,丁力不是他们的好朋友。
   B. 卡洛斯、丁力和保罗是好朋友。
   C. 卡洛斯和保罗不是好朋友。　　　　　　　　　　　　　　(B)

2. 每天下午,他们三个人在哪儿做练习?
   A. 每天下午,他们三个人在卡洛斯的宿舍一起做练习。
   B. 每天下午,他们不在一起做练习。
   C. 每天下午,他们在丁力的宿舍做练习。　　　　　　　　(A)

3. 谁汉字写得很好看?
   A. 保罗汉字写得很好看。
   B. 卡洛斯汉字写得很好看。
   C. 丁力汉字写得很好看。　　　　　　　　　　　　　　　(A)

4. 谁分析句子分析得很清楚?
   A. 保罗分析句子分析得很清楚。
   B. 卡洛斯分析句子分析得很清楚。
   C. 丁力分析句子分析得很清楚。　　　　　　　　　　　　(B)

5. 谁记英语生词记得很快?
   A. 卡洛斯记英语生词记得很快。
   B. 丁力记英语生词记得很快。
   C. 保罗记英语生词记得很快。　　　　　　　　　　　　　(B)

6. 他们学习怎么样?
   A. 他们都很努力,成绩很好。

B. 他们不太努力，成绩不好。

C. 他们都很努力，成绩不太好。 　　　　　　　　　（A）

7. 谁喜欢踢足球?

A. 丁力喜欢踢足球。

B. 卡洛斯喜欢踢足球。

C. 保罗喜欢踢足球。 　　　　　　　　　（C）

8. 谁打篮球打得很好?

A. 丁力打篮球打得很好。

B. 保罗打篮球打得很好。

C. 卡洛斯打篮球打得很好。 　　　　　　　　　（A）

跟我说，并写出对下列句中的补语提问的问句

例如：你听到：阿尔玛说汉语说得很好。

你说：阿尔玛说汉语说得很好。

你写：阿尔玛说汉语说得怎么样?

1. 丁力说英语说得不错。（丁力说英语说得怎么样?）

2. 他打乒乓球打得很棒。（他打乒乓球打得怎么样?）

3. 我踢足球踢得不好。（你踢足球踢得怎么样?）

4. 卡洛斯读课文读得非常流利。（卡洛斯读课文读得怎么样?）

5. 他分析句子分析得很清楚。（他分析句子分析得怎么样?）

6. 我记生词记得不太快。（你记生词记得怎么样?）

7. 阿尔玛写汉字写得很好看。（阿尔玛写汉字写得怎么样?）

8. 他做练习做得不认真。（他做练习做得怎么样?）

9. 丁力预习生词预习得很好。（丁力预习生词预习得怎么样?）

10. 玛丽打汉字打得很快。（玛丽打汉字打得怎么样?）

听后填空

今年是2011年。卡洛斯今年20岁。今天10月31日，是卡洛斯的生日。他妹妹今年18岁，明天是她的生日。卡洛斯的哥哥今年30岁，昨天是他的生日。

1. 卡洛斯 <u>1991</u> 年出生，他的生日是 <u>10</u> 月 <u>31</u> 日。

2. 他妹妹 <u>1993</u> 年出生，她的生日是 <u>11</u> 月 <u>1</u> 日。

3. 他哥哥 <u>1981</u> 年出生，他的生日是 <u>10</u> 月 <u>30</u> 日。

四 **听后计算**

卡洛斯他们班星期一、三、五上午有阅读课。星期二、四下午有阅读课。每天的阅读课都是两节。一个星期他们有多少节阅读课？

他们每天的阅读课学习20个生词，一个星期学习多少生词？五个星期学习多少生词？

1. 一个星期他们有多少节阅读课？
   一个星期他们有10节阅读课。
2. 一个星期学习多少生词？
   一个星期学习200个生词。
3. 五个星期学习多少生词？
   五个星期学习1000个生词。

五 **听后写**

卡洛斯学习很努力，学习成绩很好。卡洛斯记生词记得很快，课文读得很流利，句子分析得很清楚，汉字写得也很好看。我学习不太努力，练习做得也不太认真，学习成绩不好。卡洛斯常常帮助我。我们每天都在一起做练习。

生词

年	（名）	nián	year
出生	（动）	chūshēng	to be born
节	（量）	jié	period

第十九课
Lesson 19

跟我说，然后将下列句子变成连动句并写出来：

例如：你听到：我去商店。
　　　　　　我买东西。

　　　你说：我去商店。
　　　　　　我买东西。

　　　你写：我去商店买东西。

1. 妈妈去商店。
   妈妈买毛衣。
   （妈妈去商店买毛衣。）

2. 安娜去北京饭店。
   安娜吃饭。
   （安娜去北京饭店吃饭。）

3. 我们去教室。
   我们上课。
   （我们去教室上课。）

4. 阿尔玛去北京大学。
   阿尔玛看玛丽。
   （阿尔玛去北京大学看玛丽。）

5. 卡洛斯去大使馆。
   卡洛斯看朋友。
   （卡洛斯去大使馆看朋友。）

6. 晚上我去阿尔玛的宿舍。
   我看电视。
   （晚上我去阿尔玛的宿舍看电视。）

7. 丁力去教室。
   丁力听录音。
   （丁力去教室听录音。）

8. 安东尼去卡洛斯的宿舍。
   安东尼写汉字。
   （安东尼去卡洛斯的宿舍写汉字。）

9. 卡洛斯和丁力一起去天安门。
   卡洛斯和丁力一起照相。
   （卡洛斯和丁力一起去天安门照相。）

10. 星期天我和弟弟一起去动物园。
    我和弟弟一起看动物。
    （星期天我和弟弟一起去动物园看动物。）

听后根据课文快速回答问题并填图：

A：请问，从北京语言大学去王府井坐地铁怎么走？
B：在五道口坐13号地铁，换2号地铁，再换1号地铁，就可以到王府井。
A：在哪儿换车？
B：坐13号地铁到西直门，换2号地铁，在复兴门换1号地铁。

A：我打算从王府井再去天安门,远吗?

B：很近。从王府井南口一直往西走,就是天安门。

A：谢谢您。

B：不客气。

（一）回答问题：

1. 从北京语言大学去王府井,在哪儿坐13号地铁?（在五道口坐13号地铁。）

2. 从北京语言大学去王府井坐地铁怎么走?

（在五道口坐13号地铁,换2号地铁,再换1号地铁,就可以到王府井。）

3. 在哪儿换车?（在西直门换2号地铁,在复兴门换1号地铁。）

4. 天安门离王府井远吗?怎么走?（很近。从王府井南口一直往西走,就是天安门。）

（二）标出地铁线路和站名：

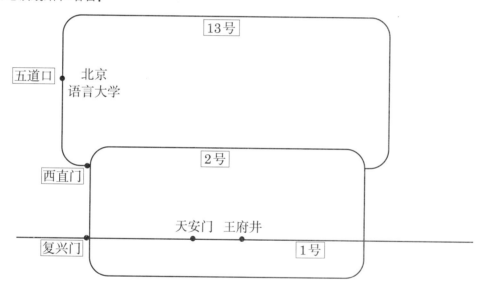

三 **听写句子**

1. 大使馆离友谊商店不太远。我们常去大使馆看朋友,去友谊商店买东西。

2. 去北京饭店在动物园换103路电车。

3. 我跟姐姐一起去天安门照相。

4. 北京饭店在天安门的东边,从这儿往东走,路北就是北京饭店。

5. 请问去颐和园坐几路车?

四 **听后回答问题并复述课文**

昨天是十一月九号,星期天。上午,我和阿尔玛一起去友谊商店买东西。我们从五道口坐

13号地铁,在西直门换2号地铁,再在复兴门换1号地铁。

我们打算在友谊商店买很多东西。我买数码相机和手机,阿尔玛买摄像机、毛衣、衬衣和鞋。

中午,我跟阿尔玛一起去大使馆看朋友。大使馆离友谊商店不太远,在友谊商店东边。

(一)听第一遍,回答问题:

1. 他和阿尔玛去哪儿买东西?(他和阿尔玛一起去友谊商店买东西。)

2. 他们在五道口坐几号地铁?(在五道口坐13号地铁。)

在西直门换几号地铁?在复兴门换几号地铁?(在西直门换2号地铁,在复兴门换1号地铁。)

3. 他们打算在友谊商店买什么东西?(他们买数码相机、手机、摄像机、毛衣、衬衣和鞋。)

4. 中午他们去哪儿看朋友?(中午他们去大使馆看朋友。)

5. 大使馆在哪儿?离友谊商店远吗?(大使馆在友谊商店东边,离友谊商店不太远。)

(二)听第二遍,复述课文。

生词

南口	(名)	nánkǒu	southern end of a street
复兴门	(专名)	Fùxīngmén	*name of a place*

第二十课
Lesson 20

一 听后回答问题

　　王老师家有五口人：妈妈、爱人、两个孩子。王老师的妈妈今年五十四岁，身体很好，在医院工作，是大夫。王老师的爱人在工厂工作，他是工程师，他工作很忙。王老师的儿子今年八岁，他是学生，他学习很努力，成绩很好。王老师的女儿今年五岁，她身体很好。

问题：

1. 王老师家有几口人？都有什么人？（她家有五口人：妈妈、爱人、两个孩子。）

2. 王老师的妈妈多大年纪？她身体怎么样？她在哪儿工作？做什么工作？

　　（她的妈妈今年五十四岁，身体很好，在医院工作，是大夫。）

3. 王老师的爱人在哪儿工作？他做什么工作？他工作忙不忙？

　　（她的爱人在工厂工作，他是工程师，他工作很忙。）

4. 王老师的儿子今年几岁？他是不是学生？他学习努力吗？成绩怎么样？

　　（她的儿子今年八岁，他是学生，他学习很努力，成绩很好。）

5. 王老师的女儿今年几岁？她身体怎么样？（她的女儿今年五岁，她身体很好。）

二 听后选择正确答案

　　我们每星期有二十节课，八节听说课，八节阅读课，四节听力课。今天十二月十九日星期三。上午，我们有三节课，两节阅读课，一节听力课。八点上阅读课，十点十分上听力课。

1. 今天几月几日星期几？

　　A. 今天十月九日星期三。

　　B. 今天十二月十九日星期日。

　　C. 今天十二月十九日星期三。　　　　　　　　　　　　　　　　　(C)

2. 今天他们有几节课？

　　A. 今天他们有两节课。

　　B. 今天他们有三节课。

　　C. 今天他们有四节课。　　　　　　　　　　　　　　　　　　　　(B)

3. 今天他们有几节听说课，几节阅读课，几节听力课？

　　A. 今天他们有一节听说课，一节阅读课，一节听力课。

B. 今天他们有两节阅读课,一节听力课。

C. 今天他们有两节阅读课,两节听说课。　　　　　　　　　　（B）

4. 今天他们几点上阅读课,几点上听力课?

　A. 今天他们八点上阅读课,九点上听力课。

　B. 今天他们八点上阅读课,十点十分上听力课。

　C. 今天他们九点上阅读课,十点上听力课。　　　　　　　　（B）

5. 每星期他们有多少节课?

　A. 每星期他们有二十节课。

　B. 每星期他们有二十四节课。

　C. 每星期他们有十二节课。　　　　　　　　　　　　　　（A）

6. 每星期他们有多少节听说课,多少节阅读课,多少节听力课?

　A. 每星期他们有八节听说课,八节阅读课,八节听力课。

　B. 每星期他们有八节阅读课,八节听力课,四节听说课。

　C. 每星期他们有八节听说课,八节阅读课,四节听力课。　　（C）

三　跟我说,并写出对下列句子中的时间词提问的问句

例如:你听到:我八点去学校。

　　　你说:我八点去学校。

　　　你写:你几点去学校?

　　　　　你什么时候去学校?

1. 我每天早上六点起床。（你每天早上几点起床? /你每天什么时候起床?）

2. 我们每天早上七点吃饭,七点半去教室。

　（你们每天早上几点吃饭,几点去教室? /你们每天什么时候吃饭,什么时候去教室?）

3. 他们八点上课,十二点下课。（他们几点上课,几点下课? /他们什么时候上课,什么时候下课?）

4. 下午两点阿尔玛在教室听录音。（下午几点阿尔玛在教室听录音? /什么时候阿尔玛在教室听录音?）

5. 卡洛斯每天下午四点半锻炼身体。

　（卡洛斯每天下午几点锻炼身体? /卡洛斯每天什么时候锻炼身体?）

6. 丁力每天晚上八点复习课文。（丁力每天晚上几点复习课文? /丁力每天什么时候复习课文?）

7. 今天晚上七点我们一起看电视。（今天晚上几点你们一起看电视? /今天什么时候你们一起看电视?）

8. 每天早上七点半我预习生词。（每天早上几点你预习生词? /每天什么时候你预习生词?）

9. 今天晚上六点半我们看电影。（今天晚上几点你们看电影? /今天什么时候你们看电影?）

10. 昨天下午四点我在电脑上打字。（昨天下午几点你在电脑上打字? /昨天什么时候你在电脑上打字?）

11. 今天晚上九点我上网发电子邮件。

　（今天晚上几点你上网发电子邮件? /今天什么时候你上网发电子邮件?）

12. 我每天晚上十一点睡觉。（你每天晚上几点睡觉? /你每天什么时候睡觉?）

跟我说,然后将下列句子变成疑问句(3)的形式并写出来

例如:你听到:她买毛衣。

你说:她买毛衣。

你写:她买不买毛衣?

1. 丁力去友谊商店。(丁力去不去友谊商店?)
2. 这个商店卖啤酒。(这个商店卖不卖啤酒?)
3. 天安门很远。(天安门远不远?)
4. 这件毛衣很好看。(这件毛衣好看不好看?)
5. 这条裤子很便宜。(这条裤子便宜不便宜?)
6. 这双鞋很合适。(这双鞋合适不合适?)
7. 我非常喜欢这种颜色。(你喜欢不喜欢这种颜色?)
8. 那件衬衣不好。(那件衬衣好不好?)
9. 这种衣服很贵。(这种衣服贵不贵?)
10. 友谊商店的东西很多。(友谊商店的东西多不多?)
11. 我打汉字。(你打不打汉字?)
12. 安娜上网发电子邮件。(安娜上网发不发电子邮件?)

 跟我说,然后将下列句子变成疑问句(4)的形式并写出来

例如:你听到:这支钢笔是阿尔玛的,不是我的。

你说:这支钢笔是阿尔玛的,不是我的。

你写:这支钢笔是你的还是阿尔玛的?

1. 阿尔玛喜欢古典音乐,不喜欢现代音乐。(阿尔玛喜欢古典音乐还是现代音乐?)
2. 安娜的毛衣是绿颜色的,不是黄颜色的。(安娜的毛衣是绿颜色的还是黄颜色的?)
3. 下午的电影是2D的,不是3D的。(下午的电影是2D的还是3D的?)
4. 那个电脑是新的,不是旧的。(那个电脑是新的还是旧的?)
5. 她的孩子是男孩儿,不是女孩儿。(她的孩子是男孩儿还是女孩儿?)
6. 丁力是北京语言大学的学生,不是北京大学的学生。
   (丁力是北京语言大学的学生还是北京大学的学生?)
7. 我买衬衣,不买毛衣。(你买衬衣还是毛衣?)
8. 下午的电影是中国的,不是外国的。(下午的电影是中国的还是外国的?)
9. 电影是下午的,不是晚上的。(电影是下午的还是晚上的?)
10. 他爸爸在工厂工作,不在医院工作。(他爸爸在工厂工作还是在医院工作?)

听后写

1. 今天十一月十八号，星期日。晚上七点，我们学校有电影。今天晚上的电影是中国的，不是外国的。

2. 你看，这是阿尔玛的汉字本，她写汉字写得很好看。这是阿尔玛的练习本，她的练习做得也很认真。

3. 玛丽喜欢听音乐，她是个音乐迷。她常常听古典交响乐。她有很多音乐光盘。丁力很喜欢唱京剧，他京剧唱得很好。

第二十一课
Lesson 21

听后根据课文快速回答问题

A：你去哪儿？

B：我去北京大学。

A：北京大学在哪儿？

B：在我们学校的西边。

A：离我们学校远吗？

B：不太远，大约有两公里。

A：你常去那儿吗？

B：我常去那儿看朋友，他在那儿学习。

A：清华大学是不是在北京大学的东边？

B：是，清华大学在北京大学的东边。

A：北京大学的北边是什么地方？

B：北边是几个工厂。

A：北京大学的南边是什么地方？

B：现在南边是商店，还有邮局。

A：你什么时候再去北京大学，我们一起去好吗？

B：好。

问题：

1.他去哪儿？（他去北京大学。）

2.北京大学在哪儿？（北京大学在他们学校西边。）

3.离他们学校远吗？（不太远，大约有两公里。）

4.他常去那儿吗？（他常去那儿看朋友。）

5.清华大学是不是在北京大学的东边？（是，清华大学在北京大学的东边。）

6.北京大学的北边是什么地方？（北京大学的北边是几个工厂。）

7.北京大学的南边是什么地方？（北京大学的南边是商店，还有邮局。）

听后选择正确答案,并回答问题

我是留学生,在北京语言大学学习汉语。每天早上八点,我们在教学主楼上课。教学主楼在办公楼东边。办公楼的西边是图书馆。教学主楼南边是中国学生的教学楼,教学主楼南边也有外国留学生的教学楼。图书馆南边的那个楼是学校的礼堂和食堂。礼堂的西边有学生宿舍楼。八号楼在五号楼和九号楼中间。六号楼在五号楼的后边。在八号楼和九号楼的前边有一个小操场。小操场的北边是大操场。大操场西边是体育馆和游泳馆,大操场的东边就是图书馆。我常去图书馆的阅览室。

我们学校的北边是工厂,西边有剧场。剧场对面有商店。学校的东边有邮局,也有商店。

(一) 听第一遍,选择正确答案:

1. 教学主楼在哪儿?

　A. 教学主楼在办公楼的西边。

　B. 教学主楼在办公楼的东边。

　C. 教学主楼在办公楼的后边。　　　　　　　　　　　　　　(B)

2. 图书馆在哪儿?

　A. 图书馆在办公楼的东边。

　B. 图书馆在办公楼的南边。

　C. 图书馆在办公楼的西边。　　　　　　　　　　　　　　(C)

3. 中国学生的教学楼在哪儿?

　A. 中国学生的教学楼在教学主楼南边。

　B. 中国学生的教学楼在教学主楼东边。

　C. 中国学生的教学楼在教学主楼西边。　　　　　　　　　(A)

4. 学校的礼堂和食堂在哪儿?

　A. 学校的礼堂和食堂在办公楼南边。

　B. 学校的礼堂和食堂在图书馆南边。

　C. 学校的礼堂和食堂在教学楼南边。　　　　　　　　　　(B)

5. 学生宿舍在哪儿?

　A. 学生宿舍在礼堂的西边。

　B. 学生宿舍在小操场的北边。

　C. 学生宿舍在教学楼的南边。　　　　　　　　　　　　　(A)

6. 八号楼在哪儿?

　A. 八号楼在五号楼的东边。

　B. 八号楼在五号楼和九号楼的中间。

　C. 八号楼在九号楼的西边。　　　　　　　　　　　　　　(B)

7. 小操场的北边是什么地方?

    A. 小操场的北边是大操场。

    B. 小操场的北边是办公楼。

    C. 小操场的北边是宿舍楼。   (A)

8. 体育馆和游泳馆在哪儿?

    A. 体育馆和游泳馆在大操场东边。

    B. 体育馆和游泳馆在小操场西边。

    C. 体育馆和游泳馆在大操场西边。   (C)

9. 学校西边有什么?

    A. 学校西边有工厂。

    B. 学校西边有邮局。

    C. 学校西边有剧场。   (B)

10. 学校东边有什么?

    A. 学校东边有工厂。

    B. 学校东边有剧场。

    C. 学校东边有商店和邮局。   (C)

(二)听第二遍,回答问题:

1. 他们每天在哪儿上课?(他们在教学主楼上课。)

2. 教学主楼在哪儿?(教学主楼在办公楼东边。)

3. 办公楼西边是什么地方?(办公楼西边是图书馆。)

4. 中国学生的教学楼在哪儿?(中国学生的教学楼在教学主楼南边。)

5. 礼堂和食堂在哪儿?(礼堂和食堂在图书馆南边。)

6. 学生宿舍楼在哪儿?(学生宿舍楼在礼堂的西边。)

7. 八号楼在哪儿?(八号楼在五号楼和九号楼中间。)

8. 六号楼在哪儿?(六号楼在五号楼的后边。)

9. 八号楼和九号楼的前边有什么?(八号楼和九号楼的前边有一个小操场。)

10. 大操场在哪儿?(大操场在小操场的北边。)

11. 图书馆在大操场的哪边?(图书馆在大操场的东边。)

12. 大操场的西边是什么地方?(大操场的西边是体育馆和游泳馆。)

13. 学校的北边是什么地方?(学校的北边是工厂。)

14. 学校的西边有剧场吗?(学校的西边有剧场。)

15. 剧场对面是什么地方?(剧场对面是商店。)

16. 学校附近有邮局吗?在哪儿?(学校的东边有邮局。)

听后回答问题

　　国家游泳中心(水立方)和国家体育场(鸟巢)都在奥林匹克公园中心区。水立方在鸟巢的西边。水立方是2008年第29届奥运会的主游泳馆,设计新颖,结构独特,里边的设施非常先进。我们常去那儿游泳。

问题:

1. 水立方在哪儿?（水立方在鸟巢的西边。）

2. 鸟巢在哪儿?（鸟巢在水立方的东边。）

3. 水立方是哪一届奥运会的主游泳馆?（水立方是第29届奥运会的主游泳馆。）

4. 人们为什么常去水立方游泳?（因为水立方设计新颖,结构独特,里边的设施非常先进。）

 听写句子

1. 从我们学校到颐和园很近,大约有四公里。

2. 我们学校附近有一个剧场,剧场对面是商店。

3. 八号楼在五号楼和九号楼中间,八号楼后边是十号楼。

4. 我们学校有两个操场,大操场在小操场的北边。

5. 办公楼前边的那个楼就是教学楼。

6. 鸟巢和水立方都在奥林匹克公园中心区。

生词

| 主楼 | （名） | zhǔlóu | main building |
| 对面 | （名） | duìmiàn | the opposite |

第二十二课

Lesson 22

听后根据课文快速回答问题

A：卡洛斯，明天星期六，上午你打算做什么？

B：我打算去商店买东西。

A：跟我一起去友谊商店，好吗？

B：好啊。我们一起去友谊商店。

A：明天中午，我请你吃中国菜，怎么样？

B：保罗，谢谢你。

A：我们去北京饭店还是去长城饭店？

B：去北京饭店吧，那儿离友谊商店比较近。

A：好吧。今天晚上你有事儿吗？

B：丁力让我去他宿舍。

A：有什么事儿？

B：我们一起听中国音乐。

A：你明天晚上去他那儿吧？今天晚上我请你去老舍茶馆。

B：去老舍茶馆做什么？

A：品茶听戏。

B：好极了！老舍茶馆在哪儿？

A：老舍茶馆在前门。

B：好，我去告诉丁力，今天晚上不去他那儿。

A：下午五点半你在宿舍等我，我们一起坐地铁去前门。

B：好，我等你。

问题：

1. 明天星期六，卡洛斯上午打算做什么？（卡洛斯打算明天上午去商店买东西。）

2. 明天保罗打算去哪儿？（明天保罗打算去友谊商店。）

3. 他们打算一起去友谊商店买东西吗？（对，他们打算一起去友谊商店买东西。）

4. 明天中午谁请谁吃中国菜？（保罗请卡洛斯吃中国菜。）

5. 他们打算去哪儿吃饭？（他们打算去北京饭店吃饭。）

6. 北京饭店离友谊商店远不远？（北京饭店离友谊商店不远。）

7. 今天晚上卡洛斯打算去哪儿？（今天晚上卡洛斯打算去丁力的宿舍。）

8. 丁力叫卡洛斯去做什么？（丁力叫他一起听中国音乐。）

9. 卡洛斯今天晚上去不去丁力的宿舍？（不去。）

10. 今天晚上卡洛斯要去哪儿？跟谁一起去？（卡洛斯跟保罗一起去老舍茶馆。）

11. 他们去那儿做什么？（他们去那儿品茶听戏。）

12. 老舍茶馆在哪儿？（老舍茶馆在前门。）

13. 他们打算几点去前门？（他们打算下午五点半去前门。）

14. 他们打算怎么去前门？（他们打算坐地铁去前门。）

二 听后选择正确答案并回答问题

　　丁力是我的中国朋友,他是北京语言大学的学生。他学习英语,他学习很努力。我们常常在一起做练习。他帮助我说汉语,练习写汉字,分析句子。我帮助他记生词,读课文。我们是好朋友。

A：卡洛斯,明天是星期天,你有事儿吗？

B：没有事儿。

A：我请你去我家。我妈妈请你吃中国菜。晚上,爸爸请你看京剧。

B：谢谢你们,我一定去。

　　丁力家离故宫不远。我从学校坐331路汽车,换22路汽车,再换103路电车。

B：买一张到故宫的票。

C：一块钱一张。您这是五块,找您四块。

B：谢谢,到故宫的时候,请您告诉我。

C：下一站故宫,下车的乘客请往外走。那位外国朋友,您下车吧。

B：谢谢!劳驾,我下车。

　　丁力在车站等我。

B：丁力。

A：卡洛斯,你好,你看我家就在前边,走吧!

　　丁力家现在有三口人:爸爸、妈妈和他。他们都很热情。我们一起吃饭。我很喜欢吃中国菜。晚上我们一起看京剧,京剧好看极了。今天我非常高兴。

（一）听第一遍,选择正确答案：

1. 丁力是谁的中国朋友？

　A. 丁力是玛丽的中国朋友。

　B. 丁力是安娜的中国朋友。

　C. 丁力是卡洛斯的中国朋友。　　　　　　　　　　（C）

2. 丁力是哪儿的学生?

    A. 丁力是北京大学的学生。

    B. 丁力是北京语言大学的学生。

    C. 丁力是清华大学的学生。   (B)

3. 丁力学习什么? 他学习怎么样?

    A. 丁力学习法语,他学习很努力。

    B. 丁力学习英语,他学习不努力。

    C. 丁力学习英语,他学习很努力。   (C)

4. 丁力帮助卡洛斯做什么?

    A. 丁力帮助卡洛斯记生词,读课文。

    B. 丁力帮助卡洛斯说汉语,写汉字,分析句子。

    C. 丁力帮助卡洛斯分析句子,读课文。   (B)

5. 明天是星期几? 卡洛斯在学校有事儿吗?

    A. 明天是星期六,卡洛斯在学校没事儿。

    B. 明天是星期日,卡洛斯在学校复习旧课。

    C. 明天是星期天,卡洛斯在学校没事儿。   (C)

6. 谁请卡洛斯吃中国菜?

    A. 丁力的姐姐请卡洛斯吃中国菜。

    B. 丁力的妈妈请卡洛斯吃中国菜。

    C. 丁力的爸爸请卡洛斯吃中国菜。   (B)

7. 卡洛斯去不去丁力家?

    A. 卡洛斯不去丁力家。

    B. 卡洛斯不一定去丁力家。

    C. 卡洛斯一定去丁力家。   (C)

8. 丁力家在哪儿?

    A. 丁力家离故宫不远。

    B. 丁力家在故宫西边。

    C. 丁力家离故宫很远。   (A)

9. 去丁力家坐什么车?

    A. 去丁力家坐332路汽车。

    B. 去丁力家坐331路汽车,换22路汽车,再换103路电车。

    C. 去丁力家坐111路电车。   (B)

10. 丁力家现在有几口人? 有什么人?

    A. 丁力家有五口人:爸爸、妈妈、哥哥、姐姐和他。

    B. 丁力家有三口人:爸爸、妈妈和弟弟。

    C. 丁力家有三口人:爸爸、妈妈和他。   (C)

11. 卡洛斯和丁力的家人一起做什么?

    A. 卡洛斯和丁力的家人一起吃饭,看电影。

    B. 卡洛斯和丁力的家人一起喝啤酒,听中国音乐。

    C. 卡洛斯和丁力的家人一起吃中国饭,看京剧。   (C)

(二)听第二遍,回答问题:

1. 卡洛斯的中国朋友是谁?(卡洛斯的中国朋友是丁力。)

2. 丁力在哪儿学习?学习什么?学习怎么样?(丁力在北京语言大学学习英语,他学习很努力。)

3. 丁力和卡洛斯常常在一起做什么?(他们常常在一起做练习。)

4. 谁请卡洛斯去他家?(丁力请卡洛斯去他家。)

5. 谁请卡洛斯吃中国菜?(丁力的妈妈请卡洛斯吃中国菜。)

6. 谁请卡洛斯看京剧?(丁力的爸爸请卡洛斯看京剧。)

7. 卡洛斯去不去丁力家?(卡洛斯一定去。)

8. 丁力家在哪儿?(丁力家离故宫不远。)

9. 去丁力家坐几路车?(从学校坐331路汽车,换22路汽车,再换103路电车。)

10. 在汽车上,卡洛斯给售票员多少钱?(五块。)

11. 一张票多少钱?(一块。)

12. 卡洛斯知道故宫在哪儿吗?(不知道。)

13. 卡洛斯请售票员告诉他什么?(到故宫的时候告诉他下车。)

14. 丁力在哪儿等卡洛斯?(丁力在车站等卡洛斯。)

15. 丁力家有什么人?(丁力家有三口人:爸爸、妈妈和他。)

16. 星期天,卡洛斯和丁力的家人一起做什么?(他们一起吃饭,晚上一起看京剧。)

三 听后写

    我们学校西边有一个剧场。我常常去那儿看京剧。今天星期天,我打算请丁力跟我一起去看京剧。我到他宿舍的时候,丁力不在,我请他的同屋告诉他,让丁力晚上六点在宿舍等我,我请他去看京剧。

生词

热情	(形)	rèqíng	enthusiastic
售票员	(名)	shòupiàoyuán	conductor
同屋	(名)	tóngwū	roommate

第二十三课
Lesson 23

一 听后选择正确答案

A：安东尼，上午我来找你，你不在，你去哪儿了？

B：我跟丁力一起去王府井了。

A：你们在王府井买什么了？

B：《汉英词典》。你看。

A：太好了。哪个书店卖这种词典？

B：王府井南口那个大书店。

A：现在还有吗？

B：可能还有，我们买的时候这种词典还很多。

A：那儿有世界地图吗？

B：今天没有。我问了，书店的工作人员说明天有。

A：我明天去买。

B：卡洛斯，你去的时候也给我买一本。

A：好。

B：卡洛斯，上午你找我有事吗？

A：没别的事儿。我找你一起去踢足球。

1. 谁上午不在宿舍？

   A. 卡洛斯上午不在。

   B. 安东尼上午不在。

   C. 玛丽上午不在。   （B）

2. 安东尼跟丁力一起去哪儿了？

   A. 安东尼跟丁力一起去友谊商店了。

   B. 安东尼跟丁力一起去王府井了。

   C. 安东尼跟丁力一起去五道口了。   （B）

3. 安东尼在王府井买什么了？

   A. 安东尼买词典了。

   B. 安东尼买地图了。

   C. 安东尼买语法书了。   （A）

4. 哪个书店卖《汉英词典》?

    A. 王府井北边那个书店。

    B. 王府井南口那个大书店。

    C. 王府井西边那个书店。   （B）

5. 安东尼买词典的时候,词典还多吗?

    A. 词典没有了。

    B. 词典不多了。

    C. 词典还很多。   （C）

6. 今天这家书店有没有世界地图?

    A. 今天这家书店没有世界地图。

    B. 今天这家书店还有一张世界地图。

    C. 今天这家书店有世界地图。   （A）

7. 卡洛斯打算明天做什么?

    A. 去北京大学看朋友。

    B. 去五道口买书。

    C. 去王府井买词典和地图。   （C）

8. 上午,卡洛斯找安东尼有事儿吗?

    A. 卡洛斯找安东尼没事儿。

    B. 卡洛斯找安东尼去踢足球。

    C. 卡洛斯找安东尼一起去北大。   （B）

二　听后判断正误(正确的画√)

A: 阿尔玛,下午你去哪儿了?

B: 我去友谊商店了。

A: 你买什么了?

B: 一件大衣。

A: 还买什么了?

B: 还买手机了。

A: 你去大使馆了没有?

B: 没有。我从那儿就去王府井了。

A: 你去王府井书店了吗?

B: 去了。

A: 你买什么书了?

B: 我买词典了。

A: 你还买什么了?

B: 还买音乐光盘了。

1. 下午,阿尔玛去友谊商店了。　　　　　（√）
2. 她买大衣了。　　　　　　　　　　　　（√）
3. 她买衬衣了。　　　　　　　　　　　　（　）
4. 她买手机了。　　　　　　　　　　　　（√）
5. 阿尔玛去大使馆了。　　　　　　　　　（　）
6. 阿尔玛还去王府井了。　　　　　　　　（√）
7. 阿尔玛去王府井书店了。　　　　　　　（√）
8. 她买语法书了。　　　　　　　　　　　（　）
9. 她买词典了。　　　　　　　　　　　　（√）
10. 她买音乐光盘了。　　　　　　　　　　（√）

三　听写句子

1. 我在书店买世界地图和词典了。
2. 十二点半他们就回学校了。
3. 你买照相机了吗?——没买,我买录音机了。
4. 那个商店有自行车吗?
5. 北京足球队踢得比较好。
6. 我有点儿累,不复习课文了。
7. 图书馆有很多画报和杂志,我常常去那儿看。
8. 妈妈给我买摄像机了。

四　听后回答问题并复述课文

　　我的朋友从英国来了。星期天,我请他去颐和园玩儿了。我们学校离颐和园比较近。我们去的时候,没坐汽车,我们骑自行车。

　　到颐和园玩儿的人很多,照相的人也很多,我们也照相了。我的朋友很喜欢颐和园,他说颐和园很美。

　　上午我们一起划船。中午,我们在颐和园吃中国菜。他很高兴,他说中国菜太好吃了。

　　下午三点半我们回到学校。我们在宿舍听音乐。五点钟的时候,他到北京饭店看朋友去了。

　　晚上,我预习生词,上网收发电子邮件,没有复习课文。我有点儿累,十点钟就睡了。

(一)听第一遍,回答问题:

1. 谁从英国来了?（他的朋友从英国来了。）
2. 他们去哪儿玩了?（他们去颐和园玩儿了。）
3. 去颐和园的时候,他们坐汽车了吗?（他们没坐汽车,他们骑自行车。）

4. 到颐和园玩儿的人多不多？（到颐和园玩儿的人很多。）

5. 他们带照相机了没有？他们照相了吗？（他们带照相机了，也照相了。）

6. 他们在颐和园都做什么了？（他们在颐和园划船，然后一起吃中国菜了。）

7. 他们什么时候回到学校？（他们下午三点半回到学校。）

8. 晚上他做什么了？（晚上他预习生词，上网收发电子邮件，然后睡觉了。）

（二）听第二遍，复述课文。

生词

| 骑 | （动） | qí | to ride |
| 划船 | | huá chuán | to row a boat |

第二十四课
Lesson 24

一　听后选择正确答案并回答问题

A：阿尔玛，来中国以后，你去过哪些公园？

B：我去过一次颐和园。

A：别的地方呢？

B：还没去过。

A：是吗？北京好玩的地方可多了。

B：你给我介绍一下，好吗？

A：你看过这本书吗？

B：什么书？

A：《中国旅游手册》。

B：没看过。

A：这本书不错，有照片，还有说明。你看，这是长城，这是故宫，这是颐和园，这是香山……

B：这些照片真好看。

A：现在是去香山的好时候。

B：别的时候去不好吗？

A：秋天，香山有红叶，这时候香山的风景美极了，人们都喜欢秋天去看红叶。

B：这个星期天我一定去看看。

（一）听第一遍，选择正确答案：

1. 来中国以后，阿尔玛去过哪些公园？

　A. 来中国以后，阿尔玛去过两次香山。

　B. 来中国以后，阿尔玛去过三次中山公园。

　C. 来中国以后，阿尔玛去过一次颐和园。　　　　　　　　（C）

2. 北京好玩儿的地方多不多？

　A. 北京好玩儿的地方比较多。

　B. 北京好玩儿的地方不多。

　C. 北京好玩儿的地方可多了。　　　　　　　　　　　　　（C）

3. 阿尔玛看过《中国旅游手册》这本书吗？

　A. 阿尔玛听说过这本书。

B. 阿尔玛看过这本书。

C. 阿尔玛没看过这本书。　　　　　　　　　　　　　　　　　　　　　(C)

4.《中国旅游手册》这本书怎么样?

A. 这本书不好,只有照片。

B. 这本书不错,有照片,还有说明。

C. 这本书不太好,有说明,没有照片。　　　　　　　　　　　　　　　(B)

5. 什么时候是去香山的好时候? 为什么?

A. 春天是去香山的好时候,春天的香山有红叶。

B. 夏天是去香山的好时候,夏天的香山风景很美。

C. 秋天是去香山的好时候,秋天的香山有红叶,风景很美。　　　　　(C)

6. 阿尔玛打算什么时候去香山看红叶?

A. 她打算这个星期天去。

B. 她打算明天去。

C. 她打算星期六去。　　　　　　　　　　　　　　　　　　　　　　(A)

(二) 听第二遍,回答问题:

1. 来中国以后,阿尔玛去过中山公园吗? (阿尔玛没去过中山公园。)

2. 她去过什么地方? 去过几次? (她去过一次颐和园。)

3. 阿尔玛看过《中国旅游手册》吗? (阿尔玛没看过《中国旅游手册》。)

4.《中国旅游手册》这本书怎么样? (这本书不错,有照片,还有说明。)

5. 香山的风景什么时候最美? 为什么? (秋天,因为有红叶。)

听后判断(正确的画√)

A: 卡洛斯,以前你来过中国没有?

B: 没有。阿尔玛,你来过吗?

A: 来过一次。

B: 是来北京吗?

A: 不是,是去上海。

B: 阿尔玛,来北京以后,你去过公园吗?

A: 我去过一次香山,看过红叶。你呢?

B: 我没去过香山,我去过一次颐和园。

A: 你去过中山公园没有?

B: 还没去过。中山公园在哪儿?

A: 在天安门西边。星期天我们一起去,好吗?

B: 太好了。

A: 你参观过鸟巢和水立方吗?

B：没有。

A：我参观过一次。鸟巢和水立方是2008年举办过奥运会的地方，应该去看看。

B：玛丽告诉过我，老舍茶馆值得去。

A：对。我和玛丽去过一次。在那儿可以体验老北京传统的民俗风情。

B：下个星期天我一定去。

1. 卡洛斯以前来过中国。 （ ）
2. 阿尔玛以前来过中国。 （√）
3. 阿尔玛去过一次上海。 （√）
4. 卡洛斯去过两次上海。 （ ）
5. 来北京以后，阿尔玛去过香山，看过红叶。 （√）
6. 来北京以后，卡洛斯还没去过香山。 （√）
7. 来北京以后，卡洛斯没去过中山公园。 （√）
8. 上星期，阿尔玛和卡洛斯一起去中山公园了。 （ ）
9. 卡洛斯参观过鸟巢和水立方。 （ ）
10. 阿尔玛参观过鸟巢和水立方。 （√）
11. 阿尔玛去过老舍茶馆。 （√）
12. 玛丽没有去过老舍茶馆。 （ ）
13. 卡洛斯没有去过老舍茶馆。 （√）
14. 这个星期天卡洛斯去老舍茶馆。 （ ）

三 听后写

来中国以前，哥哥给我介绍过很多北京的情况。以前他来过两次中国。他说，北京好玩儿的地方很多。

来北京以后，我常常去玩。我去过一次故宫，去过两次颐和园，那儿的风景美极了。我还去过长城、中山公园、动物园和老舍茶馆，我很喜欢这些地方。

现在，我有《中国旅游手册》了。我打算寒假的时候，再去别的地方旅行。

生词

些	（量）	xiē	some
春天	（名）	chūntiān	spring
夏天	（名）	xiàtiān	summer
举办	（动）	jǔbàn	to conduct, to hold

第二十五课
Lesson 25

一　听后选择正确答案并回答问题

A：阿尔玛，来中国以后，你参观过哪些地方了？

B：来中国以后，我参观过工厂、农村和学校。

A：上星期你们参观了什么地方？

B：我们参观了一个工厂。

A：什么工厂？

B：机器制造厂。

A：这个工厂是不是在我们学校的东边？

B：是。卡洛斯，你怎么知道？你去过那儿吗？

A：没有。老师给我们介绍过。下星期我们班也去参观。你先给我介绍一下好吗？

B：可以，我们参观了三个车间。参观的时候，工厂的师傅热情地给我们介绍了工厂的生产情况。以前，这个厂很小，现在很大，环境也很美，生产有了很大的发展。

A：你们还参观了什么地方？

B：我们还参观了一个工人食堂。这个工厂一共有两个食堂，他们的食堂很大，也很干净。

A：你们访问工人家庭了吗？

B：访问了。我们了解了一些中国工人的生活情况。

A：太好了。我很想了解中国工业的发展情况和改革开放的政策，我一定去参观这个工厂。

（一）听第一遍，选择正确答案：

1. 来中国以后，阿尔玛参观过哪些地方了？

　　A. 阿尔玛参观过故宫。

　　B. 阿尔玛参观过工厂、农村和学校。

　　C. 阿尔玛参观过医院。　　　　　　　　　　　　　　　　（B）

2. 上星期，阿尔玛他们班参观了什么地方？

　　A. 参观了一个学校。

　　B. 参观了一个机器制造厂。

　　C. 参观了一个汽车制造厂。　　　　　　　　　　　　　　（B）

3. 谁没有参观过机器制造厂？

　　A. 阿尔玛没有参观过机器制造厂。

B. 卡洛斯没有参观过机器制造厂。

C. 老师没有参观过机器制造厂。   (B)

4. 卡洛斯他们班什么时候去参观机器制造厂?

　　A. 星期六去参观。

　　B. 这个星期去参观。

　　C. 下星期去参观。   (C)

5. 阿尔玛参观了几个车间?

　　A. 参观了三个车间。

　　B. 参观了两个车间。

　　C. 参观了四个车间。   (A)

6. 工厂的师傅热情地做什么?

　　A. 工厂的师傅热情地给同学们介绍工厂的情况。

　　B. 工厂的师傅热情地给同学们上课。

　　C. 工厂的师傅热情地给同学们介绍学习情况。   (A)

7. 以前这个工厂怎么样?

　　A. 以前这个厂很小。

　　B. 以前这个厂很大。

　　C. 以前这个厂比较大。   (A)

8. 现在这个工厂怎么样?

　　A. 现在这个工厂很大,生产发展得很快,环境不太好。

　　B. 现在这个工厂很大,生产发展得很快,环境也很好。

　　C. 现在这个工厂很大,生产发展得不快,环境也不太好。   (B)

9. 工厂有几个食堂? 食堂怎么样?

　　A. 这个厂一共有两个食堂,一个很大,一个很小。

　　B. 这个厂只有一个食堂,食堂很大,也很干净。

　　C. 这个厂有两个食堂,食堂很大,也很干净。   (C)

10. 阿尔玛访问工人家庭了吗? 了解了哪些情况?

　　A. 阿尔玛访问工人家庭了,了解了一些工人的工作情况。

　　B. 阿尔玛访问工人家庭了,了解了一些工人的生活情况。

　　C. 阿尔玛没访问工人家庭。   (B)

11. 卡洛斯想去参观这个工厂吗?

　　A. 卡洛斯想去参观这个工厂。

　　B. 卡洛斯不想去参观这个工厂。

　　C. 卡洛斯想去参观别的工厂。   (A)

12. 为什么卡洛斯想去参观这个工厂?

　　A. 卡洛斯想去这个工厂玩玩。

　　B. 卡洛斯想去这个工厂买东西。

　　C. 卡洛斯想去了解中国改革开放的政策和工业的发展情况。   (C)

（二）听第二遍,回答问题:

1. 来中国以后,阿尔玛参观过哪些地方?（她参观过工厂、农村和学校。）

2. 上星期阿尔玛参观了什么工厂?（她参观了一个机器制造厂。）

3. 这个工厂在哪儿?（这个工厂在他们学校的东边。）

4. 他们参观了几个车间?（他们参观了三个车间。）

5. 他们了解了哪些情况?（以前,这个厂很小,现在很大,环境也很美,生产有了很大的发展。）

6. 他们还参观了哪儿?（他们还参观了一个工人食堂。）

7. 工人食堂怎么样?（食堂很大,也很漂亮。）

8. 他们访问工人家庭了吗? 了解了什么情况?（他们访问工人家庭了,了解了一些中国人的生活情况。）

9. 卡洛斯为什么很想参观这个工厂?（他很想了解中国工业的发展情况和改革开放的政策。）

听写句子

1. 昨天,我们去汽车制造厂了,我们参观了两个车间,还访问了工人家庭。

2. 我们一点从学校出发,一点半就到机器制造厂了。

3. 参观以后,我们还参加了座谈会。工厂的师傅热情地给我们介绍情况。

4. 我们了解了一些中国工人的生产和生活情况。

5. 上午,我在友谊商店买了一件毛衣,还买了一双鞋,十点半,我就回学校了。

听后回答问题

1. 小红在家里看画报,看了第一本看第二本,看了第二本看第三本……她看了很多本。有一本新画报她非常喜欢,她看了三遍。这本画报从前往后数是第七本,从后往前数是第三本。
   请你算一下,小红一共看了几本画报?（九本。）

2. 卡洛斯从九月十五日星期四开始学习汉语。每星期上六天课,每天学习一课书。现在卡洛斯学习第十二课了,你知道几月几号卡洛斯学习第十二课? 卡洛斯学习的汉语书,每课有二十个生词,现在卡洛斯学了多少个生词了?（九月二十八日卡洛斯学习第十二课。他学了二百四十个生词了。）
   玛丽也从九月十五日开始学习汉语,她每星期上五天课,星期六不上课。现在她学习第九课了,你知道几月几号玛丽学习第九课? 玛丽学习的汉语书,每课有四十个生词,她已经学了多少生词了?
   （九月二十七日玛丽学习第九课。她学了三百六十个生词了。）

生词

农村	（名）	nóngcūn	countryside
干净	（形）	gānjìng	clean
工业	（名）	gōngyè	industry
数	（动）	shǔ	to count
算	（动）	suàn	to calculate
开始	（动）	kāishǐ	to begin

第二十六课
Lesson 26

一　**听后选择正确答案**

朋友,你了解中国工人的工作和生活情况吗? 你了解得可能不多。现在我给你们介绍一下我了解的中国工人的情况。

昨天,我们班参观了一个机器制造厂。我们九点从学校出发,差一刻十点就到了那儿。这个工厂很大,环境也很好,生产发展得很快。我们参观了四个车间。十一点半,我们去参观工人食堂,工人们开始吃午饭了。工人们知道了我们是留学生以后,都热情地请我们吃饭。我们从食堂到了工厂的幼儿园,孩子们在那儿生活得很好。我们还访问了工人家庭。我和卡洛斯访问了工人张师傅的家,她家有三口人。她的爱人和孩子也在这个工厂工作。每天早上,他们去工厂工作。中午他们在工厂的食堂吃饭,晚上在家吃饭。张师傅的女孩儿每天晚上都学习英语。她告诉我们,每星期三晚上,工人们去工厂上课,学习技术。在中国,工人们的工作、学习和生活都很有意思。这就是我了解的情况。

1. 昨天,他们班参观了什么地方?

　　A. 昨天,他们班参观了一个大学。

　　B. 昨天,他们班参观了一个机器制造厂。

　　C. 昨天,他们班参观了一个汽车制造厂。　　　　　　　　　　　　(B)

2. 他们几点出发? 什么时候到工厂?

　　A. 他们八点出发,八点半就到了。

　　B. 他们九点出发,九点三刻就到了。

　　C. 他们九点出发,十点就到了。　　　　　　　　　　　　　　　(B)

3. 到工厂以后,他们参观了哪些地方?

　　A. 他们参观了车间、工人食堂和幼儿园。

　　B. 他们参观了车间,还参观了工人食堂。

　　C. 他们参观了幼儿园,还参观了车间。　　　　　　　　　　　　(A)

4. 他访问了谁的家?

　　A. 他访问了张师傅的家。

　　B. 他访问了马师傅的家。

　　C. 他访问了丁师傅的家。　　　　　　　　　　　　　　　　　(A)

5. 张师傅家有几口人？都有什么人？
    A. 张师傅家有四口人，有她爱人、两个孩子和她。
    B. 张师傅家有三口人，有她爱人、一个女孩儿和她。
    C. 张师傅家有三口人，有她爱人、一个女孩儿和一个男孩儿。 (B)

6. 每天中午，他们在哪儿吃饭？
    A. 他们在家吃饭。
    B. 他们在食堂吃饭。
    C. 他们在朋友家吃饭。 (B)

7. 张师傅的孩子每天晚上学习什么？
    A. 她学习法语。
    B. 她学习英语。
    C. 她学习汉语。 (B)

8. 每星期三晚上，工人们做什么？
    A. 他们去工厂看电影。
    B. 他们去工厂看足球比赛。
    C. 他们去工厂上课。 (C)

听后判断（正确的画√）

A：阿尔玛，昨天下午你去哪儿了？

B：我去书店了。

A：你买什么书了？

B：我买了一本《中国旅游手册》。

A：这本书怎么样？

B：我看了一下，这本书不错，介绍了很多好玩儿的地方。

A：是吗？我们应该去玩玩儿。

B：卡洛斯，来北京以后，你去过什么地方了？

A：去过一次香山，一次故宫。

B：颐和园呢？

A：还没去过。

B：星期天，我们一起去好吗？

A：好。

1. 今天下午阿尔玛去书店。 ( )
2. 阿尔玛买了一本《中国旅游手册》。 (√)
3. 买了书以后，阿尔玛还没有看。 ( )

4.《中国旅游手册》介绍了很多好玩儿的地方。　　　　　（√）

5. 来北京以后,卡洛斯还没去过故宫。　　　　　　　　（　）

6. 来北京以后,阿尔玛去过一次颐和园。　　　　　　　（　）

7. 来北京以后,卡洛斯还没去过颐和园。　　　　　　　（√）

8. 阿尔玛和卡洛斯打算星期天去颐和园。　　　　　　　（√）

三 听后回答问题

　　每个人都有业余爱好。阿里的业余爱好是旅行。放了假,他就去旅行。丁力爱好集邮,他从8岁起,就开始集邮了。卡洛斯是个电脑迷,他喜欢玩电脑。卡洛斯说:"电脑是一种神奇的工具,可以输入文字,编辑文章,还可以做游戏、看新闻、漫游世界,网上的内容丰富多彩,形式多种多样。"巴布鲁喜欢看足球比赛。李玉梅是个音乐迷,她喜欢唱歌,她唱得很好听。

1. 阿里有什么业余爱好? （阿里的业余爱好是旅行。）

2. 丁力的业余爱好是什么? （丁力爱好集邮。）

3. 卡洛斯爱好什么? （卡洛斯喜欢玩电脑。）

4. 卡洛斯为什么喜欢玩电脑?
　（电脑是一种神奇的工具,可以输入文字,编辑文章,还可以做游戏、看新闻、漫游世界,网上的内容丰富多彩,形式多种多样。）

5. 巴布鲁有什么业余爱好? （巴布鲁喜欢看足球比赛。）

6. 李玉梅爱好什么? （李玉梅爱好音乐。）

四 听后写

　　昨天,我们参观了一个汽车制造厂。我们八点从学校出发,八点二十就到了。我们参观了三个车间,工人师傅热情地给我们介绍了工厂的生产情况。我们还参观了工厂食堂,访问了工人家庭。我们了解了中国工人的工作、学习和生活的情况。这个工厂很大,环境也比较美,生产发展得非常快。

五 听后计算并回答问题

　　商店卖西瓜。来了一位男士,买了商店西瓜的一半还多半个。男士走了,来了一位女士,她买了剩下的西瓜的一半也多半个。女士走了,来了一位小朋友,他买了剩下的西瓜的一半也多半个。这时候,商店里没有西瓜了。

　　请问,这个商店一共卖了多少个西瓜? （七个。）

生词

幼儿园	（名）	yòu'éryuán	kindergarten
技术	（名）	jìshù	technique, skill
西瓜	（名）	xīguā	watermelon
男士	（名）	nánshì	gentleman
女士	（名）	nǚshì	lady, madam
一半	（数）	yíbàn	a half
剩下	（动）	shèngxià	to leave over

第二十七课
Lesson 27

一　听后选择正确答案、回答问题并做判断题

　　我们学校图书馆楼的二层和三层都有阅览室。阅览室里有很多杂志、画报。有中文的也有外文的,有新的也有旧的。阅览室里还有很多词典和报纸。同学们常来这儿看书看报。你看,保罗看的是法文的《北京周报》,玛丽看的是英文的《中国日报》,丁力看的是《人民画报》。卡洛斯不想在阅览室看书,他想借这本《科学画报》。

卡　洛　斯:我要借这本《科学画报》。

工作人员:我看看,是哪本?

卡　洛　斯:就是这本。

工作人员:这是新的,新画报不能借。

卡　洛　斯:旧的可以借吗?

工作人员:可以。

卡　洛　斯:我借一本旧的《科学画报》。

工作人员:《科学画报》都在那边,你去拿吧。

卡　洛　斯:我借两本可以吗?

工作人员:可以。给我借书证。

卡　洛　斯:什么时候还?

工作人员:十六号以前还。

卡　洛　斯:谢谢。

(一) 听第一遍,选择正确答案:

1. 阅览室在哪儿?

　A. 图书馆楼二层有阅览室。

　B. 阅览室在图书馆楼一层。

　C. 图书馆楼的二层和三层都有阅览室。　　　　　　　(C)

2. 阅览室里有什么?

　A. 阅览室里有很多杂志、画报、词典和报纸。

　B. 阅览室里有杂志和画报,没有报纸和词典。

　C. 阅览室里只有中文书报,没有外文书报。　　　　　　(A)

3. 保罗看的是什么报?

    A. 保罗看的是法文的《北京周报》。

    B. 保罗看的是《中国日报》。

    C. 保罗看的是英文的《北京周报》。   （A）

4. 丁力看的是什么?

    A. 丁力看的是《人民画报》。

    B. 丁力看的是《科学画报》。

    C. 丁力看的是《中国日报》。   （A）

5. 谁不想在阅览室看书?

    A. 丁力不想在阅览室看书。

    B. 卡洛斯不想在阅览室看书。

    C. 保罗不想在阅览室看书。   （B）

6. 卡洛斯想借一本什么书?

    A. 卡洛斯想借一本《科学小故事》。

    B. 卡洛斯想借一本《今日中国》。

    C. 卡洛斯想借一本《科学画报》。   （C）

7. 阅览室的画报可以借吗?

    A. 阅览室的画报不能借。

    B. 阅览室的画报都可以借。

    C. 阅览室的新画报不能借,旧画报可以借。   （C）

8. 卡洛斯借了两本什么画报?

    A. 卡洛斯借了两本新的《科学画报》。

    B. 卡洛斯借了两本《科学画报》:一本是新的,一本是旧的。

    C. 卡洛斯借了两本旧的《科学画报》。   （C）

（二）听第二遍,回答问题:

  1. 他们学校有没有阅览室?（他们学校有阅览室。）

  2. 阅览室在哪儿?（图书馆的二层和三层都有阅览室。）

  3. 阅览室里有什么? 多吗?（阅览室里有很多杂志、画报、词典和报纸。）

  4. 阅览室里有没有外文的报纸和杂志?（阅览室里有外文的报纸和杂志。）

  5. 在阅览室卡洛斯想借什么?（卡洛斯想借《科学画报》。）

  6. 阅览室的画报、杂志都可以借吗?（新的不能借,旧的可以借。）

  7. 卡洛斯在阅览室借了什么? 他借了几本?（他借了两本旧的《科学画报》。）

（三）听第三遍,判断正误(正确的画√)

    1. 阅览室在教学楼的二层。   （ ）

    2. 阅览室里有中文杂志,没有外文杂志。   （ ）

3. 阅览室里有新杂志,也有旧杂志。 (√)

4. 同学们常来这儿看书。 (√)

5. 保罗在阅览室看法文的《北京周报》。 (√)

6. 丁力在阅览室看《人民画报》。 (√)

7. 玛丽看的是英文的《中国日报》。 (√)

8. 卡洛斯想借《科学画报》。 (√)

9. 阅览室的杂志能借,画报不能借。 ( )

10. 卡洛斯借了两本画报。 (√)

听写句子

1. 今天下午我想跟卡洛斯一起去图书馆借书。

2. 他要借一本汉法对照的《会话手册》。

3. 阅览室的词典不能借,杂志能借。

4. 这本历史书可以借吗?

5. 借书要用借书证,借书证上要写上中文名字。

听后回答问题并复述课文

　　昨天下午没有课,阿尔玛和卡洛斯一起去图书馆借书。他们到图书馆的时候,丁力也在图书馆,丁力只还书不借书。阿尔玛想借《汉英词典》,图书馆的工作人员说:"词典不能借,可以在阅览室里用。"阿尔玛借了一本《科学小故事》。卡洛斯要借汉法对照的《会话手册》,图书馆只有汉英对照的,没有汉法对照的。卡洛斯借了一本汉英对照的《会话手册》。

(一) 听第一遍,回答问题:

1. 阿尔玛和卡洛斯什么时候去图书馆了? (阿尔玛和卡洛斯昨天下午去图书馆了。)

2. 下午,丁力在图书馆做什么? (丁力只还书不借书。)

3. 阿尔玛想借什么? (阿尔玛想借《汉英词典》。)

4. 图书馆的词典能借吗? (词典不能借。)

5. 阅览室有词典吗? 可以借吗? (阅览室有词典,不可以借。)

6. 阿尔玛借了一本什么书? (阿尔玛借了一本《科学小故事》。)

7. 图书馆有汉法对照的《会话手册》吗? (图书馆没有汉法对照的《会话手册》。)

8. 卡洛斯借了一本什么书? (他借了一本汉英对照的《会话手册》。)

(二) 听第二遍,复述课文。

生词

| 《北京周报》 | （专名） | 《Běijīng Zhōubào》 | *Beijing Review* |
| 《今日中国》 | （专名） | 《Jinrì Zhōngguó》 | *China Today* |

第二十八课
Lesson 28

一 **听后回答问题并用中文写一个信封**

A：卡洛斯，你的信。

B：谢谢你。阿尔玛，这是我寄给法拉的信，怎么寄到我这儿了？

A：你要寄到哪儿？

B：寄到上海工业大学外国留学生公寓九号楼318号。

A：我看看。你写错了。

B：没错，地址是我朋友告诉我的。名字也不会错。

A：地址没错，名字也没错。是你的信封写错了。收信人的邮政编码和地址要写在信封的上
　　边，收信人的名字写在中间。你的地址和邮编要写在下边。你看，这上边是你的邮政编码
　　和地址：100083，北京语言大学九号楼314号，中间是你的名字卡洛斯，这封信就是寄给你
　　的。

B：怎么办呢？

A：换一个信封，写好了地址和名字再寄。不要忘了写上收信人的邮政编码。

B：上海工业大学的邮政编码是多少？

A：200070。

B：你看，现在写对了吧！

A：写对了。

B：谢谢。

(一) 听第一遍，回答问题：

1. 应该怎么写信封？

　　(收信人的邮政编码和地址要写在信封的上边，收信人的名字写在中间。寄信人的地址和邮编要写在下
　　边。)

2. 卡洛斯给法拉的信怎么寄到北京语言大学了？

　　(他的信封写错了：上面是他的邮编和地址，中间是他的名字。)

（二）听第二遍,请替卡洛斯写一个信封:

2 0 0 0 7 0

上海工业大学外国留学生公寓九号楼318号

法拉(收)

北京语言大学九号楼314室

邮政编码:100083

按照我说的,填写包裹单

在包裹单的上边,"收件人"一栏中,从上往下,先写收件人的邮政编码:200092,再写上收件人的姓名和电话:卡尔,021-65982200,下边写收件人的单位名称:上海同济大学留学生公寓楼318号,再写这个单位的详细地址:上海四平路1239号。

在包裹单下边的"寄件人"一栏中,先写上寄件人的姓名:安东尼,电话:13785432186,再写寄件人的单位名称:北京语言大学留学生公寓楼643号,这个单位的详细地址:北京海淀区学院路15号,还要写上北京语言大学的邮政编码:100083。

国 内 快 递 包 裹 详 情 单 （收据联）

邮1106乙

KA0779176151 1

接收局号码:			
收件人	2 0 0 0 9 2	内件品名及数量	
	姓名:卡尔　　电话:021-65982200		
	单位名称:上海同济大学留学生公寓楼318号		
	详细地址:上海四平路1239号		
		是否保价　是□　　否□	收寄人名章:
寄件人	姓名:安东尼　　电话:13785432186	保价金额　　　　　　元	重量:　　　克
	单位名称:北京语言大学留学生公寓楼643号	寄件人声明:同意并遵守背面的"使用须知",如包裹无法投递,按如下选择处理:□退还寄件人 □抛弃处理	资费:　　　元
	详细地址:北京海淀区学院路15号		挂号费:　　　元
			保价费:　　　元
	用户代码:　　邮政编码:100083	签字:	回执费:　　　元
		检查人员名称:	总计:　　　元

听后写

五号楼的西边有一个邮局,这儿可以寄信,还可以寄包裹。邮局的工作人员很热情。他们告诉我们怎么写信封,怎么寄航空信、挂号信,怎么寄包裹和写包裹单。我常常在这儿寄信和寄包裹。刚才我去寄了两封信,一封寄到英国,一封寄到上海。

生词

信封	（名）	xìnfēng	envelope
怎么办		zěnme bàn	What to do? How is it to be done?
忘	（动）	wàng	to forget
栏	（名）	lán	column
单位	（名）	dānwèi	work place
名称	（名）	míngchēng	name
法拉	（专名）	Fǎlā	Farah
卡尔	（专名）	Kǎ'ěr	Karl
上海	（专名）	Shànghǎi	Shanghai (*name of a city*)
同济大学	（专名）	Tóngjì Dàxué	Tongji University
四平路	（专名）	Sìpíng Lù	Siping Road
海淀区	（专名）	Hǎidiàn Qū	Haidian District
学院路	（专名）	Xuéyuàn Lù	Xueyuan Road

第二十九课

Lesson 29

一　听后回答问题并做判断题

我吃完午饭,刚回到宿舍就听到电话铃响了,我去接电话。

"喂。"

"是保罗吗?"

"不是,我是卡洛斯。保罗正在食堂吃饭。你是谁?"

"我是玛丽。卡洛斯,你好!"

"你好! 玛丽,你找保罗有什么事儿?"

"今天晚上我想到你们那儿玩玩,你们晚上有事儿吗?"

"没事儿,你来吧! 我们等你。"

"好吧,晚上见!"

晚上我和保罗正在房间里上网发电子邮件的时候,玛丽来了。我们热情地欢迎她。

卡洛斯:"玛丽请坐,请喝茶。"

保罗:"请吃糖。"

别的同学知道玛丽来了,也来我们的宿舍玩儿。保罗请大家听音乐。

保罗:"同学们,这是中国电影里的音乐,请你们听听。"

玛丽:"这个电影我看过,我非常喜欢它的音乐。"

保罗:"这个电影我看过两遍。"

卡洛斯:"我也喜欢这个电影,明天晚上我们学校还演,你们看吗?"

玛丽:"是吗? 我一定来看。"

我们玩到十点钟,玛丽要回北京大学,我们请她明天一定来看电影。

（一）听第一遍,回答问题:

1. 玛丽什么时候来的电话?（卡洛斯吃完午饭,刚回到宿舍的时候。）

2. 谁接的电话?（卡洛斯接的电话。）

3. 玛丽打电话找谁?（她找保罗。）

4. 保罗正在做什么?（他正在食堂吃饭。）

5. 玛丽给保罗打电话有什么事?（玛丽想到保罗他们那儿玩玩。）

6. 玛丽来的时候,保罗和卡洛斯正在做什么?（他们正在上网发电子邮件。）

7. 保罗和卡洛斯请玛丽做什么?（他们请玛丽喝茶、吃糖。）

8. 还有谁来保罗的宿舍了？（还有别的同学来保罗的宿舍了。）

9. 保罗请大家听什么音乐？（他请大家听中国电影里的音乐。）

10. 玛丽听没听过这个电影的音乐？她喜欢不喜欢？（她听过,她非常喜欢。）

11. 明天晚上学校演电影吗？玛丽打算来看吗？（明天晚上学校演电影。玛丽来看电影。）

12. 玩到几点玛丽要回北京大学？（玩到十点玛丽要回北京大学。）

（二）听第二遍,判断正误(正确的画√)：

1. 卡洛斯刚回到宿舍就接电话。　　　　　　　　　　　　（√）

2. 玛丽来电话的时候,保罗正在食堂吃饭。　　　　　　　（√）

3. 保罗和卡洛斯正在食堂吃饭的时候,玛丽来了一个电话。（　）

4. 玛丽是清华大学的学生。　　　　　　　　　　　　　　（　）

5. 晚上,玛丽想来北京语言大学玩玩儿。　　　　　　　　（√）

6. 晚上,保罗去看电影了。　　　　　　　　　　　　　　（　）

7. 晚上,卡洛斯没事儿,他在宿舍看书。　　　　　　　　（　）

8. 玛丽来的时候,保罗的房间里人很多,大家正在听音乐。（　）

9. 他们听的是一些中国电影的音乐。　　　　　　　　　　（√）

10. 玛丽请大家明天晚上去他们学校看电影。　　　　　　　（　）

听后写

　　玛丽考完试了。明天星期天,她想请保罗和卡洛斯一起去公园玩儿。她给保罗打电话,保罗正在宿舍听天气预报。玛丽告诉他,明天去香山玩。他们不坐汽车,他们要一起骑自行车去,沿途可以观赏观赏北京的市容。

生词

铃	（名）	líng	bell
响	（动）	xiǎng	to ring
它	（代）	tā	it
演	（动）	yǎn	to perform, to play

第三十课
Lesson 30

听后选择正确答案并做判断题

A: 现在是十一月了, 快要到十二月了, 天气还真有点儿冷呢。

B: 阿尔玛, 你听天气预报了吗?

A: 我刚才听了, 明天天气不太好, 可能刮风, 还有小雨, 气温也要下降到零度了。你要多穿点儿衣服, 不要感冒了。

B: 我们明天还去香山吗?

A: 去! 下小雨没关系。听说秋天香山的风景美极了。明年我们到上海去学习, 秋天就不能来北京看红叶了。

B: 明天气温要下降到零度了, 太冷了。

A: 没关系, 最低温度是在夜里, 上午和下午气温都比较高。我们多穿点儿衣服就不冷了。

B: 十点半了, 该睡觉了。明天早点儿起床。

A: 好! 卡洛斯, 明天早上你叫我, 咱们早点儿出发。

(一) 选择正确答案:

1. 阿尔玛刚才听天气预报了吗?

　　A. 阿尔玛没听, 卡洛斯听了。

　　B. 阿尔玛听了。

　　C. 阿尔玛没听。　　　　　　　　　　　　　　　　　　　　　　(B)

2. 明天天气怎么样?

　　A. 明天天气很好, 不下雨也不刮风, 很暖和。

　　B. 明天天气很不好, 可能下大雨, 刮大风。

　　C. 明天天气不太好, 可能刮风, 还有小雨。　　　　　　　　　　(C)

3. 明天天气不太好, 他们还去不去香山?

　　A. 他们不去香山了。

　　B. 他们还想去香山。

　　C. 卡洛斯想去, 阿尔玛不去了。　　　　　　　　　　　　　　　(B)

4. 今年不去香山, 他们明年还能去吗?

　　A. 今年不去, 明年还能去。

　　B. 今年不去, 明年还可能去。

C. 今年不去,明年就不能来北京看香山红叶了。　　　　　　　　(C)

5. 一天中什么时候气温最低?

　　A. 是在夜里。

　　B. 是在上午。

　　C. 是在下午。　　　　　　　　　　　　　　　　　　　　　(A)

(二) 听第二遍,判断正误:

1. 现在是十二月了,天气还真有点儿冷呢。　　　　　　　　　　( )

2. 明天可能刮风,还有小雨。　　　　　　　　　　　　　　　　(√)

3. 明天太冷了,他们都不想去香山了。　　　　　　　　　　　　( )

4. 卡洛斯说:"今年不能看香山红叶,明年还可以看。"　　　　　( )

5. 阿尔玛说:"听说秋天香山的风景美极了。明年我们到上海去学习,秋天就不能来北京看红叶了。"　(√)

听写句子

1. 四点多了,该去操场锻炼身体了。

2. 天气冷了,你要多穿点儿衣服,不要感冒了。

3. 北京的秋天天气最好,不冷也不热,非常凉快。

4. 冬天冷极了,常常刮北风,还常常下雪。

5. 春天到了,天气暖和了。

6. 从六月到八月是夏天,天气比较热,七、八月还常常下雨。

听后回答问题并复述

　　北京一年有四个季节:春天、夏天、秋天和冬天。

　　从三月到五月是春天。北京的春天,天气很暖和,很少下雨,有时候刮大风,比较干燥。从六月到八月是夏天。夏天天气比较热,七月最热。最高气温到过四十二摄氏度。从九月到十一月是秋天。北京的秋天天气最好,不冷也不热,非常凉快,不常刮风,也很少下雨。从十二月到第二年二月是冬天,冬天天气比较冷,还常常刮风,有时候下雪,最低气温到过零下十六摄氏度。

(一) 听第一遍,回答问题:

1. 北京一年有哪四个季节?（春天、夏天、秋天和冬天。）

2. 从几月到几月是春天? 春天天气怎么样?

　　（从三月到五月是春天。北京的春天,天气很暖和,很少下雨,有时候刮大风,比较干燥。）

3. 从几月到几月是夏天? 夏天天气怎么样?

　　（从六月到八月是夏天。夏天天气比较热,七月最热。最高气温到过四十二摄氏度。）

4. 从几月到几月是秋天？秋天天气怎么样？

（从九月到十一月是秋天。北京的秋天天气最好，不冷也不热，非常凉快，不常刮风，也很少下雨。）

5. 从几月到几月是冬天？冬天天气怎么样？

（从十二月到第二年二月是冬天，冬天天气比较冷，还常常刮风，有时候下雪，最低气温到过零下十六摄氏度。）

（二）听第二遍，复述课文。

生词

夜	（名）	yè	night
咱们	（代）	zánmen	we (us)
明年	（名）	míngnián	next year

第三十一课
Lesson 31

一　听后选择正确答案并回答问题

十二月七日是玛丽的生日。上午九点,阿尔玛和卡洛斯来到了玛丽的宿舍。

阿尔玛:玛丽,祝你生日愉快!

卡洛斯:玛丽,向你表示祝贺!

玛　丽:谢谢你们。请坐,请吃糖。

阿尔玛:我给你带来了一束花儿。

玛　丽:这花儿真好看,谢谢你。

卡洛斯:我给你带来了一个小熊猫。

玛　丽:太好玩儿了,谢谢你。你们太客气了。

阿尔玛:玛丽,我们去公园玩儿好吗? 我带照相机来了。

玛　丽:去哪儿?

卡洛斯:去颐和园好吗?

玛　丽:好。

他们一起骑自行车去公园了。他们在公园玩得很高兴。下午四点,玛丽说:"我们该回去了。"回到玛丽的宿舍以后,他们正在听音乐的时候,田中来了。

田　中:玛丽,祝你生日愉快。这是我送给你的生日礼物。

玛　丽:谢谢你。请坐。这件衣服太漂亮了。

田　中:刚才我来了一次,你不在。

玛　丽:我刚回来。

阿尔玛:上午,我们一起去颐和园了。

田　中:是吗? 我也该上午来。

玛　丽:今天是我的生日,我请你们吃蛋糕。

他们一边吃蛋糕,一边听音乐。十点了,阿尔玛、卡洛斯和田中要回去了。

玛　丽:我送送你们吧!

阿尔玛、卡洛斯、田中:别出来了,再见!

玛　丽:再见! 谢谢你们。

（一）听第一遍，选择正确答案：

1. 玛丽的生日是几月几日？

    A. 玛丽的生日是 2 月 7 日。

    B. 玛丽的生日是 10 月 1 日。

    C. 玛丽的生日是 12 月 7 日。   （C）

2. 谁和谁一起来到了玛丽的宿舍？

    A. 阿尔玛和卡洛斯一起来到了玛丽的宿舍。

    B. 阿尔玛和田中一起来到了玛丽的宿舍。

    C. 田中和卡洛斯一起来到了玛丽的宿舍。   （A）

3. 阿尔玛给玛丽带来了什么礼物？

    A. 阿尔玛给玛丽带来了一件漂亮的衣服。

    B. 阿尔玛给玛丽带来了一束花儿。

    C. 阿尔玛给玛丽带来了一个小熊猫。   （B）

4. 谁给玛丽带来了一件漂亮的衣服？

    A. 阿尔玛给玛丽带来了一件漂亮的衣服。

    B. 卡洛斯给玛丽带来了一件漂亮的衣服。

    C. 田中给玛丽带来了一件漂亮的衣服。   （C）

5. 上午，玛丽和谁一起去公园了？

    A. 玛丽和阿尔玛、田中一起去公园了。

    B. 玛丽和田中、卡洛斯一起去公园了。

    C. 玛丽和卡洛斯、阿尔玛一起去公园了。   （C）

6. 田中第一次来找玛丽的时候，玛丽在宿舍吗？

    A. 玛丽在宿舍，她听音乐呢。

    B. 玛丽不在宿舍，她去王府井了。

    C. 玛丽不在宿舍，她和朋友们去颐和园了。   （C）

7. 田中第二次来找玛丽的时候，玛丽在宿舍吗？

    A. 玛丽不在宿舍。

    B. 玛丽在宿舍，她和朋友们刚回来。

    C. 玛丽在朋友的宿舍。   （B）

8. 谁请朋友们吃蛋糕？

    A. 阿尔玛请朋友们吃蛋糕。

    B. 玛丽请朋友们吃蛋糕。

    C. 田中请朋友们吃蛋糕。   （B）

（二）听第二遍，回答问题：

1. 几月几日是玛丽的生日？（十二月七日是玛丽的生日。）

2. 这天，谁来给玛丽祝贺生日了？（阿尔玛、卡洛斯和田中来给玛丽祝贺生日了。）

3. 他们给玛丽带来了什么礼物?

 (阿尔玛给玛丽一束花儿,卡洛斯给玛丽一个小熊猫,田中给玛丽一件漂亮的衣服。)

4. 玛丽喜欢这些礼物吗? (玛丽很喜欢这些礼物。)

5. 上午,玛丽和谁一起去公园了? (上午,玛丽和阿尔玛、卡洛斯一起去公园了。)

6. 他们是坐汽车去的还是骑自行车去的? (他们是骑自行车去的。)

7. 他们什么时候离开颐和园回学校的? (他们是下午四点离开颐和园回学校的。)

8. 回到玛丽的宿舍他们做什么了? (回到玛丽的宿舍他们听音乐了。)

9. 田中来找过玛丽几次? (田中来找过玛丽两次。)

10. 田中第一次来的时候,玛丽在吗? 第二次呢? (田中第一次来的时候玛丽不在,第二次在。)

11. 玛丽生日那天,请朋友们吃什么了? (她请朋友们吃蛋糕了。)

12. 玛丽的朋友们几点钟离开了她的宿舍? (他们十点离开了玛丽的宿舍。)

听后写

　　昨天是玛丽的生日。上午,阿尔玛和卡洛斯来了,玛丽不在宿舍,一个中国同学告诉他们,玛丽刚出去,马上就回来。一会儿,玛丽回来了,阿尔玛和卡洛斯向她表示祝贺,祝她生日愉快。阿尔玛给玛丽带来了一束花儿,卡洛斯给玛丽带来了一个小熊猫,这是他们送给玛丽的生日礼物。一会儿,田中和两个中国同学也来了,朋友们都来向玛丽表示祝贺。玛丽也向他们表示感谢,她请朋友们吃生日蛋糕。

生词

一边……一边……		yìbiān... yìbiān...	... while ...; at the same time
离开	(动)	líkāi	to leave
感谢	(动)	gǎnxiè	to thank

第三十二课
Lesson 32

一 听后填空

　　昨天星期天,上午我和卡洛斯一起去中山公园了。那儿风景很美,我们照了很多张照片。中午,我们在北京饭店吃饭。吃完饭我们就去王府井了。在商店,我买了一件衬衣,我还想买一件毛衣。商店的售货员热情地给我们介绍了几种新毛衣,卡洛斯买了一件蓝毛衣。我喜欢白颜色的,当时没有,我没买。买了毛衣,我们就去书店了。我买了一本中文小说,卡洛斯买了一本汉语语法书。我们买完书就回学校了。

二 听后回答问题

　　卡洛斯和保罗要去上海旅行。他们一起去北京火车站买票。他们到北京火车站的时候,5号窗口正在卖去上海的火车票。他们想坐13次特快去上海,但是票卖完了。售票员告诉他们:去上海的21次还有票,问他们要不要。他们说:可以。他们买了两张硬卧票,都是下铺的。每张票307块钱。21次火车晚上8点5分开,第二天早上7点半到上海。

　　买完票他们看了看时间,还有半个小时火车就要开了。他们马上去了检票口检票、进站。

问题:

1. 卡洛斯和保罗要去哪儿?(卡洛斯和保罗要去上海。)

2. 他们去那儿做什么?(他们去那儿旅行。)

3. 他们打算怎么去上海?(他们打算坐火车去上海。)

4. 他们去哪儿买票?(他们去北京火车站买票。)

5. 他们到北京火车站的时候,几号窗口正在卖去上海的票?
　　(他们到北京火车站的时候,5号窗口正在卖去上海的票。)

6. 他们想坐哪次车去上海? 买到这次车的票了吗?(他们想坐13次特快去上海,没买到。)

7. 他们买到哪次车的票了?(他们买到去上海的21次车票了。)

8. 他们买到的是硬卧票还是软卧票? 是上铺票、中铺票还是下铺票?
　　(他们买到的是硬卧票,是下铺的。)

9. 21次车几点开? 什么时候到上海?(21次车晚上8点5分开,第二天早上7点半到上海。)

10. 两张票一共多少钱?(两张票一共614块钱。)

11. 他们买完票,火车快开了吗?(他们买完票,火车还有半个小时就要开了。)

12. 他们买完票马上去哪儿了?(他们买完票马上去了检票口检票、进站。)

三　**听后判断(正确的画√)**

宋西是泰国留学生。放了假,她打算回曼谷。她预订了一张本月27号的飞机票,经济舱。航班是泰国国际航空公司的波音737客机,下午四点一刻起飞,晚上九点多钟到曼谷。

她办理的是电子客票。在机场出示护照,就可以办理登机手续。

1. 宋西是外国留学生。　　　　　　　　　　　　　　(√)
2. 宋西是泰国人。　　　　　　　　　　　　　　　　(√)
3. 放了假,她打算去美国。　　　　　　　　　　　　( )
4. 她预订了两张飞机票。　　　　　　　　　　　　　( )
5. 本月21号回泰国。　　　　　　　　　　　　　　( )
6. 她预订的是经济舱机票。　　　　　　　　　　　　(√)
7. 航班是中国国际航空公司的。　　　　　　　　　　( )
8. 飞机上午起飞,下午到曼谷。　　　　　　　　　　( )
9. 她办理的是电子客票。　　　　　　　　　　　　　(√)
10. 在机场出示护照,就可以办理登机手续。　　　　　(√)

四　**听写句子**

1. 昨天,我去找阿尔玛的时候,她正在听音乐呢。
2. 我们班星期一考试,我还没准备好呢,还得复习复习。
3. 中午,我吃完饭就回宿舍了。
4. 今天的练习不多,我都做完了。
5. 这本小说他看过三次了,还没看完一遍呢。
6. 请你在这儿写上收信人的姓名、地址和邮政编码。
7. 你能跟我一起去友谊商店吗?
8. 你想借这本科学小故事吗?
9. 我要买两张去上海的火车票。
10. 飞往泰国的班机几点起飞?

生词

但是	(连)	dànshì	but
售票员	(名)	shòupiàoyuán	booking office clerk
时间	(名)	shíjiān	time

检票口	（名）	jiǎnpiàokǒu	the check-in point
检票	（动）	jiǎnpiào	to check tickets
飞	（动）	fēi	to fly
因为	（连）	yīnwèi	because

第三十三课
Lesson 33

一　听后选择正确答案并做判断题

　　保罗非常喜欢踢足球,他足球踢得很好。上星期六,我们班和卡洛斯他们班比赛足球的时候,保罗的腿摔伤了,不能去上课了。我们都去帮助他。昨天晚上,同学们都去看足球比赛了。努尔和保罗在宿舍里看电视转播的足球比赛。他们打开电视的时候,比赛还没开始。

解说员:各位观众,我们在工人体育场转播北京队和上海队的足球比赛。现在运动员走进比
　　　　赛场来了。穿红运动服的是上海队,穿白运动服的是北京队。比赛就要开始了。上
　　　　海队开球,五号传给了七号。七号跑得真快,射门,好球! 上海队先踢进去一个球。
　　　　北京队发球,六号跑得很快,上海队八号跑过去想截球,没截住,他摔倒了,他马上爬
　　　　起来又追了上去。北京队五号射门,哎呀! 没进去,球飞出去了。

努　尔:保罗,你坐起来做什么? 快躺下看吧。

保　罗:没关系。

解说员:好球! 北京队也踢进去一个球,这个球是四号运动员踢进去的。现在是一比一。

努　尔:保罗,你休息吧,别看了。

保　罗:不,我一定要看完,这次比赛太精彩了。

(一) 听第一遍,选择正确答案:

1. 保罗喜欢踢足球吗?

　A. 保罗喜欢踢足球。

　B. 保罗不喜欢踢足球。

　C. 保罗非常喜欢踢足球。　　　　　　　　　　　　　　　　　　(C)

2. 为什么保罗不能去上课了?

　A. 保罗病了。

　B. 保罗的腿摔伤了。

　C. 保罗感冒了。　　　　　　　　　　　　　　　　　　　　　　(B)

3. 昨天晚上,保罗在宿舍做什么?

　A. 保罗在宿舍看书。

　B. 保罗在宿舍看电视。

　C. 保罗在宿舍听广播。　　　　　　　　　　　　　　　　　　　(B)

4.他们打开电视的时候,比赛开始了吗?

　　A.比赛还没开始。

　　B.比赛刚开始。

　　C.比赛已经开始了。　　　　　　　　　　　　　　　　　　　　　　(A)

5.北京队发球以后,谁跑过去想截球?

　　A.北京队发球以后,九号跑过去想截球。

　　B.北京队发球以后,上海队八号跑过去想截球。

　　C.北京队发球以后,六号跑过去想截球。　　　　　　　　　　　(B)

6.上海队八号摔倒了,然后他怎么样?

　　A.他马上爬起来又追了上去。

　　B.他爬了起来站在那儿。

　　C.他躺在地上。　　　　　　　　　　　　　　　　　　　　　　　(A)

7.北京队五号射门,球进去了没有?

　　A.球进去了。

　　B.差一点儿,没进去。

　　C.球没进去,飞出去了。　　　　　　　　　　　　　　　　　　(C)

8.现在哪个队赢了?

　　A.上海队赢了。

　　B.北京队赢了。

　　C.一比一。　　　　　　　　　　　　　　　　　　　　　　　　(C)

(二)听第二遍,判断正误:

　　1.保罗足球踢得很好。　　　　　　　　　　　　　　(√)

　　2.练习踢球的时候,保罗的腿摔伤了。　　　　　　　(　)

　　3.昨天晚上,他们班的同学们都去看足球比赛了。　　(　)

　　4.昨天晚上,努尔和保罗在宿舍里听足球比赛的广播。(　)

　　5.北京队先发球。　　　　　　　　　　　　　　　　(　)

　　6.上海队先踢进去一个球。　　　　　　　　　　　　(√)

　　7.穿红运动服的是上海队。　　　　　　　　　　　　(√)

　　8.保罗站起来看电视。　　　　　　　　　　　　　　(　)

　　9.北京队四号运动员也踢进去一个球。　　　　　　　(√)

听写句子

　　1.刚才我看见保罗从操场跑回来了。

　　2.五号运动员摔倒了,他马上爬起来,又追了上去。

　　3.他跑回宿舍去拿照相机。

4. 丁力跑进楼里去了。

5. 七号运动员跑得真快,他截住了六号运动员踢过来的球。

 三 听后复述

　　昨天上午,天气很好。我们学校幼儿园的小朋友们在操场开了一个小小运动会。

　　运动会开始了,小运动员们跑进操场来。他们开始做花环操,他们做得好看极了。我想,该给他们照几张照片。我跑回宿舍去,带上照相机,又跑回操场来。花环操做完了,小自行车比赛开始了。一个男孩儿和两个女孩儿参加比赛,这个男孩儿骑得真快。哎呀,穿红衣服的女孩儿摔下车去了。老师马上跑过去。好,女孩儿爬起来又骑上车,追了上去。我马上给她照了一张照片。孩子们的运动会真有意思,到中午十二点才开完。我给他们照了很多张照片。我太喜欢这些孩子了。

生词

腿	（名）	tuǐ	leg
伤	（动、名）	shāng	to hurt, to injure; wound
转播	（动）	zhuǎnbō	to relay
躺	（动）	tǎng	to lie
赢	（动）	yíng	to win
地	（名）	dì	ground, land
开	（动）	kāi	to hold
运动会	（名）	yùndònghuì	sports meet
花环操	（名）	huāhuáncāo	rhythmic gymnastics performance with flower wreath

第三十四课

Lesson 34

一　听后选择正确答案

A：比尔，你好！

B：你好，卡洛斯！

A：你什么时候到北京的？

B：昨天晚上到的。

A：你住在哪儿了？

B：我住在丁力那儿了。

A：放假以后，我们早就等你来了。

B：我也想早点儿来。我离开上海先到了大连，去看我爸爸的一个老朋友。

A：你是坐船来的吗？

B：我从大连坐船到天津，又从天津坐火车到的北京。

A：走吧，到我房间去吧！

B：好。

A：请进！这是我的同屋保罗，这是我的老同学比尔。

B：你好！

C：你好！请坐。

B：你是什么时候来中国的？

C：去年十月。

B：你是从哪个国家来的？

C：意大利。

B：你学习什么专业？

C：我在清华大学学习计算机软件专业。你呢？

B：我在上海同济大学学习建筑专业。

A：来来，请喝茶，请喝茶。

B：卡洛斯你别忙了，你太客气了。

C：比尔，你汉语说得真好。

B：再过一年，你也会说得很好。

C：是吗？我觉得汉语很难。

B：汉语不太难。只要努力,一定能学好汉语。
C：我一定努力学习汉语。

1. 比尔是什么时候到北京的?
 A. 比尔是下午到北京的。
 B. 比尔是昨天上午到北京的。
 C. 比尔是昨天晚上到北京的。　　　　　　　　　(C)

2. 比尔住在哪儿了?
 A. 比尔住在丁力的宿舍了。
 B. 比尔住在阿里的宿舍了。
 C. 比尔住在卡洛斯的宿舍了。　　　　　　　　　(A)

3. 比尔离开上海先到哪儿去了?
 A. 比尔离开上海先到大连去看他的朋友了。
 B. 比尔离开上海先到天津去看老朋友了。
 C. 比尔离开上海先到大连去看他爸爸的一个老朋友了。　(C)

4. 比尔是怎么从大连到天津的?
 A. 比尔是坐飞机从大连到天津的。
 B. 比尔是坐船从大连到天津的。
 C. 比尔是坐火车从大连到天津的。　　　　　　　(B)

5. 卡洛斯的同屋保罗是什么时候,从哪儿来到中国的?
 A. 卡洛斯的同屋保罗是去年九月从法国来中国的。
 B. 卡洛斯的同屋保罗是去年十月从英国来中国的。
 C. 卡洛斯的同屋保罗是去年十月从意大利来中国的。　(C)

6. 比尔是学习什么专业的? 保罗呢?
 A. 比尔是学习数学的,保罗是学习物理的。
 B. 比尔是学习化学的,保罗也是学习化学的。
 C. 比尔是学习建筑专业的,保罗是学习计算机软件专业的。　(C)

7. 比尔汉语说得怎么样?
 A. 比尔汉语说得比较好。
 B. 比尔汉语说得不太好。
 C. 比尔汉语说得很好。　　　　　　　　　　　(C)

8. 谁觉得汉语很难?
 A. 比尔觉得汉语很难。
 B. 保罗觉得汉语很难。
 C. 卡洛斯觉得汉语很难。　　　　　　　　　　(B)

9. 这段对话中有几个人?
 A. 四个人。

　　B. 三个人。

　　C. 两个人。　　　　　　　　　　　　　　　　　　　　　（B）

10. 谁说"只要努力,一定能学好汉语"?

　　A. 卡洛斯。

　　B. 保罗。

　　C. 比尔。　　　　　　　　　　　　　　　　　　　　　　（C）

听后回答问题

　　　　星期天,卡洛斯和他的同学骑自行车参观了北京的四合院。北京的四合院是中国典型的传统住宅建筑。这种建筑不但居住舒适,而且文化内涵丰富。参观完了四合院,他们还逛了逛北京的胡同。

　　　　骑自行车逛北京真好! 沿途可以观赏北京的市容。北京发展得真快,市容越来越漂亮了。

问题:

1. 什么时候卡洛斯和他的同学参观四合院了?（他们是星期天去参观的。）

2. 他们是怎么去的?（他们是骑自行车去的。）

3. 北京的四合院怎么样?

　　（北京的四合院是中国典型的传统住宅建筑。这种建筑不但居住舒适,而且文化内涵丰富。）

4. 他们参观完了四合院,还做什么了?（他们参观完了四合院,还逛了逛北京的胡同。）

5. 骑自行车逛北京,好吗?（骑自行车逛北京真好!）

6. 北京的市容怎么样?（北京的市容越来越漂亮了。）

听后判断正误,并把错句改正过来

1. 我是去年十一月到了北京。　（我是去年十一月到的北京。）

2. 我是上星期到北京语言大学的。

3. 我是学习无线电专业。（我是学习无线电专业的。）

4. 今天我们是八点去的。

5. 我们坐飞机去的上海。

6. 我们坐火车去上海的。

7. 我是来看他了。（我是来看他的。）

8. 昨天晚上,我是跟保罗一起复习了课文的。（昨天晚上,我是跟保罗一起复习课文的。）

9. 他学习是物理专业的。（他是学习物理专业的。）

10. 你是从哪个国家来了?（你是从哪个国家来的?）

听后写

　　我和比尔都是前年九月来中国的。他是从英国来的，我是从美国来的。我们一起在北京语言大学学习汉语。去年九月他去上海学习，他的专业是建筑。我还在北京语言大学学习，我的专业是汉语。寒假的时候，比尔从上海来北京看我。我们一起去看了王老师。我们还一起看了京剧、歌舞和杂技。那个寒假我们玩得有意思极了。

生词

只要	（连）	zhǐyào	only if
老	（形）	lǎo	old
船	（名）	chuán	boat, ship
天津	（专名）	Tiānjīn	Tianjin (*name of a city*)
大连	（专名）	Dàlián	Dalian (*name of a city*)
比尔	（专名）	Bǐ'ěr	Bill

第三十五课
Lesson 35

一　听后选择正确答案

　　我和丹尼尔是2009年来中国的，我们一起在北京语言大学学习汉语。一年以后，丹尼尔因为身体不好，他回国了。我还在北京语言大学学习。我的专业是汉语。今天上午，我去王府井了。我走到王府井南口的时候，真没想到，碰到了丹尼尔，他刚从北京饭店出来。

A：丹尼尔，你好！

B：是你啊，维克托，你好！你好！

A：你是什么时候到的北京？

B：昨天晚上刚到。我打算明天去学校看你和丁老师。

A：你是跟谁一起来的。

B：跟一个旅游团一起来的，他们让我做翻译。

A：你们打算住多久？

B：我们在北京住两个星期。

A：还去别的地方吗？

B：准备去上海住一个星期。最后到广州，再住一个星期就回国！

A：你现在身体怎么样？

B：好多了。

A：明天你来学校吧，我等你。

B：好，一定去。

1. 维克托是什么时候来的中国？

　A. 他是去年来的中国。

　B. 他是2009年来中国的。

　C. 他是2010年来中国的。　　　　　　　　　　　　　　　　　　（B）

2. 丹尼尔是什么时候回国的？

　A. 他是今年七月回国的。

　B. 他是2009年回国的。

　C. 他是2010年回国的。　　　　　　　　　　　　　　　　　　（C）

3. 那时候丹尼尔的身体怎么样？

　A. 他的身体很好。

　　　B. 他的身体比较好。

　　　C. 他的身体不好。　　　　　　　　　　　　　　　　　　（C）

　4. 维克托什么时候去王府井了?

　　　A. 他今天上午去王府井了。

　　　B. 他昨天上午去王府井了。

　　　C. 他昨天下午去王府井了。　　　　　　　　　　　　　　（A）

　5. 维克托在哪儿碰到丹尼尔的?

　　　A. 他是在北京饭店前边碰到丹尼尔的。

　　　B. 他是在友谊商店碰到丹尼尔的。

　　　C. 他是在王府井南口碰到丹尼尔的。　　　　　　　　　　（C）

　6. 丹尼尔是什么时候到的北京?

　　　A. 丹尼尔是前天到的北京。

　　　B. 丹尼尔是昨天早上到的北京。

　　　C. 丹尼尔是昨天晚上到的北京。　　　　　　　　　　　　（C）

　7. 丹尼尔是跟谁一起来的?

　　　A. 他是跟朋友一起来的。

　　　B. 他是跟同学一起来的。

　　　C. 他是跟旅游团一起来的。　　　　　　　　　　　　　　（C）

　8. 他们打算在北京住多久?

　　　A. 打算住两个月

　　　B. 打算住两个星期。

　　　C. 打算住两天。　　　　　　　　　　　　　　　　　　　（B）

　9. 他们还打算去哪儿?

　　　A. 他们还打算去南京。

　　　B. 他们还打算去上海和广州。

　　　C. 他们不打算去别的地方了。　　　　　　　　　　　　　（B）

　10. 他们打算在中国旅游多长时间?

　　　A. 大概三个星期。

　　　B. 大概五个星期。

　　　C. 大概四个星期。　　　　　　　　　　　　　　　　　　（C）

听后判断正误并把错句改正过来

1. 我在这儿学习一年到两年。

2. 我们的宿舍离教学楼比较远,得十分钟走。（我们的宿舍离教学楼比较远,得走十分钟。）

3. 我们每天四个小时上课。（我们每天上四个小时课。）

4. 他们每星期学习四小时英语。

5. 他在英国学习了英语两年。（他在英国学习了两年英语。）

6. 他听了广播好几个小时了。（他听了好几个小时广播了。）

7. 他学习汉语学习了已经六个月了。（他学习汉语已经学习了六个月了。）

8. 下课了，我们出去玩玩一会儿。（下课了，我们出去玩一会儿。）

9. 我看了两天那本小说。（那本小说我看了两天。）

 听后写

　　我是2011年9月来的中国，在北京语言大学学习汉语。我们已经学习了四个多月了。老师说我们都很努力。现在，我能和中国人说汉语了。我准备在中国学习五年，先在北京语言大学学习一年汉语，再到别的大学学习四年专业，我是来中国学习建筑专业的。

生词

最后	（副）	zuìhòu	finally
广州	（专名）	Guǎngzhōu	Guangzhou (*name of a city*)
丹尼尔	（专名）	Dānní'ěr	Daniel
维克托	（专名）	Wéikètuō	Victor

第三十六课

Lesson 36

听后选择正确答案：

　　今天是星期天，天气很不好，外边刮着风，下着雪。卡洛斯和保罗在宿舍里喝着茶商量着。

卡洛斯：保罗，今天不去公园了，我们做什么呢？

保　罗：我们去大使馆看朋友吧！还可以去友谊商店买点儿东西。

卡洛斯：好吧，现在就走。

　　他们叫了一辆出租汽车。卡洛斯坐在汽车里，看着外边，风不刮了，雪还在下。他们快到北海公园的时候，看见前边有两个人，慢慢地骑着自行车，一个穿着蓝衣服，一个穿着红衣服。汽车开过去的时候，卡洛斯看清楚了，穿蓝衣服的是丁力。丁力的车上挂着一个书包。穿红衣服的是一个小女孩，她可能是丁力的小妹妹。他们的汽车停了。

卡洛斯：喂，丁力，你好！你去哪儿？

丁　力：你们好！我带我妹妹去北海公园。这是我妹妹。

保罗、卡洛斯：你好！

妹　妹：你们好！

丁　力：她一定要在下雪的时候照几张相。

保　罗：对，下雪的时候照相很有意思。

卡洛斯：以后下雪的时候，我们也照几张。

丁　力：你们去哪儿？

保　罗：我们去大使馆。

丁　力：明天见！

保罗、卡洛斯：明天见！

1. 今天天气怎么样？

　A. 今天天气很好，外边刮着风。

　B. 今天天气不太好，外边下着雨。

　C. 今天天气很不好，外边刮着风，下着雪。　　　　　　　　　　(C)

2. 保罗和卡洛斯打算今天去公园吗？

　A. 今天不去公园了。

　B. 今天去公园玩儿。

　C. 今天先去公园，再去大使馆。　　　　　　　　　　　　　　　(A)

3. 保罗和卡洛斯打算去哪儿?

    A. 他们先去公园,再去大使馆。

    B. 他们先去公园,再去友谊商店。

    C. 他们先去大使馆,再去友谊商店。   (C)

4. 保罗和卡洛斯是怎么去大使馆的?

    A. 保罗和卡洛斯是坐公共汽车去大使馆的。

    B. 保罗和卡洛斯是坐出租汽车去大使馆的。

    C. 保罗和卡洛斯骑着自行车去大使馆的。   (B)

5. 卡洛斯从汽车里看着外边,外边天气怎么样?

    A. 卡洛斯从汽车里看着外边,风不刮了,雪也不下了。

    B. 卡洛斯从汽车里看着外边,风还在刮,雪不下了。

    C. 卡洛斯从汽车里看着外边,风不刮了,雪还在下。   (C)

6. 丁力穿着什么颜色的衣服? 妹妹呢?

    A. 丁力穿着红衣服,妹妹穿着蓝衣服。

    B. 丁力和妹妹都穿着蓝衣服。

    C. 丁力穿着蓝衣服,妹妹穿着红衣服。   (C)

7. 丁力带着他妹妹去哪儿?

    A. 去北海公园。

    B. 去中山公园。

    C. 去香山公园。   (A)

8. 丁力带着他妹妹去北海公园做什么?

    A. 去北海公园看朋友。

    B. 去北海公园照相。

    C. 去北海公园看展览。   (B)

听后回答问题

    有一天,我们在前门逛街,去丰泽园饭店吃了一顿饭。丰泽园饭店很有名,主要经营正宗鲁菜,同时经营北京烤鸭。我们要了四个菜一个汤,还要了一盘饺子,两瓶啤酒,三碗米饭。这家饭店的菜味道的确不错,好吃极了! 百年老店,真是名不虚传。

    吃完饭出来的时候,外边正下着雪呢。琉璃厂文化街就在附近,我们去那儿买了些古玩字画,就坐地铁回学校了。

问题:

1. 他们去哪儿逛街了? (他们去前门逛街了。)

2. 他们在哪儿吃的饭? (他们在丰泽园饭店吃的饭。)

3. 丰泽园饭店怎么样? (丰泽园饭店很有名,主要经营正宗鲁菜,同时经营北京烤鸭。)

4. 他们要了几个菜？还要什么了？（他们要了四个菜一个汤,还要了一盘饺子,两瓶啤酒,三碗米饭。）

5. 丰泽园饭店的菜怎么样？（丰泽园饭店的菜味道的确不错,好吃极了!）

6. "名不虚传"是什么意思？（确实很好,不是空有虚名。）

7. 他们吃完饭出来的时候,天气怎么样？（吃完饭出来的时候,外边正下着雪呢。）

8. 琉璃厂文化街在哪儿？（琉璃厂文化街就在丰泽园饭店附近。）

9. 他们在那儿买什么了？（他们买了些古玩字画。）

10. 他们是怎么回学校的？（他们是坐地铁回学校的。）

听后判断正误并把错句改正过来

1. 我们坐着地铁去国家大剧院。

2. 书上写安娜的名字。（书上写着安娜的名字。）

3. 菜谱放着桌子上。（菜谱放在桌子上。/菜谱在桌子上放着。）

4. 保罗带摄像机去公园了。（保罗带着摄像机去公园了。）

5. 玛丽拿很多东西走进来了。（玛丽拿着很多东西走进来了。）

6. 这个工厂的生产发展着很快。（这个工厂的生产发展得很快。）

7. 我喜欢着我爸爸、妈妈。（我喜欢我爸爸、妈妈。）

8. 保罗坐着自行车来了。

9. 卡洛斯走去北京大学了。（卡洛斯走着去北京大学了。）

10. 外边刮着风,下着雪。

11. 保罗正在照着相呢。（保罗正在照相呢。）

12. 他们听着音乐聊天儿。

听写句子

1. 那座风格独特的建筑就是丰泽园饭店。

2. 外边下着雪、刮着风,天气很冷。

3. 妹妹穿着一件红毛衣。

4. 王府井不太远,我们走着去吧。

5. 星期天,我常带着孩子去公园玩儿。

6. 我们走进保罗房间的时候,他正在打着电话呢。

7. 墙上写着"请勿吸烟"。

8. 我的本子上记着每个朋友的电话号码。

听后计算并回答问题

阿尔玛的桌子上放着五本书:一本英语书,四本汉语书。英语书上写着丁力的名字。两本汉语书上写着阿尔玛的名字,另外的两本汉语书上写着卡洛斯的名字。

卡洛斯的桌子上也放着五本书：三本英语书，两本汉语书。三本英语书上写着丁力的名字，一本汉语书上写着阿尔玛的名字，另外一本上写着卡洛斯的名字。

问题：

1. 两张桌子上一共放着几本书？（十本。）

2. 有几本是丁力的？几本是阿尔玛的？几本是卡洛斯的？

　　（四本是丁力的，三本是阿尔玛的，三本是卡洛斯的。）

3. 卡洛斯拿走了他的书，阿尔玛的桌子上还有几本书？卡洛斯的桌子上还有几本书？

　　（阿尔玛的桌子上还有三本，卡洛斯桌子上还有四本。）

生词

辆	（量）	liàng	*a measure word*
出租汽车	（名）	chūzūqìchē	taxi
停	（动）	tíng	to stop
书包	（名）	shūbāo	school bag
顿	（量）	dùn	*a measuer word*
桌子	（名）	zhuōzi	table
挂	（动）	guà	to hang
放	（动）	fàng	to place
另外	（形、副）	lìngwài	in addition; besides

第三十七课
Lesson 37

一 **听后选择正确答案、回答问题并做判断题**

A：安娜，今天的歌舞晚会你去得了去不了？

B：我非常喜欢看歌舞，可是今天去不了。

A：为什么？

B：星期一要考试。

A：明天星期天，你还可以复习。走吧，快开车了。

B：好吧，听你的，走。

……

B：买两张说明书。

A：今天的节目真多，有独唱、小合唱、舞蹈，还有武术、魔术和杂技。这么多节目两个小时演得完演不完？

B：我想演不完，可能要演两个半小时。

A：你的票是几排几号？

B：五排七号，你呢？

A：十九排二十号。

B：比较远。

A：没关系。看完节目我在门口等你。

B：好。

……

A：安娜，安娜，我在这儿。

B：卡洛斯，你先出来了？

A：今天的节目怎么样？

B：太好了。

A：那些中国歌儿你听得懂听不懂？

B：有的听得懂，有的听不懂。那支英语歌儿你听得懂吗？

A：听不懂。可是音乐很好听。

B：是吗？

A：对，我很喜欢。

B：卡洛斯,你坐在后边看得见看不见?

A：看得见,看得还很清楚呢。

（一）听第一遍,选择正确答案：

1. 今天安娜为什么不想去看歌舞呢?

　　A. 她不喜欢看歌舞。

　　B. 她要去看朋友。

　　C. 星期一要考试,她想复习复习。　　　　　　　　　　　　（C）

2. 她去看歌舞了没有?

　　A. 没去看。

　　B. 去晚了,车开了。

　　C. 去看了。　　　　　　　　　　　　　　　　　　　　　（C）

3. 今天的节目多不多? 两个小时演得完演不完?

　　A. 今天的节目不多,两个小时演得完。

　　B. 今天的节目很多,两个小时演得完。

　　C. 今天的节目真多,两个小时演不完。　　　　　　　　　　（C）

4. 他们觉得节目怎么样?

　　A. 卡洛斯说今天的节目好,安娜说不好。

　　B. 安娜说今天的节目太好了。

　　C. 玛丽说今天的节目不错。　　　　　　　　　　　　　　（B）

5. 那些中国歌儿安娜听得懂听不懂?

　　A. 那些中国歌儿安娜听不懂。

　　B. 那些中国歌儿安娜有的听得懂,有的听不懂。

　　C. 那些中国歌儿安娜都听得懂。　　　　　　　　　　　　（B）

6. 那支英语歌儿,卡洛斯听懂了吗? 他喜欢吗?

　　A. 卡洛斯说,那支英语歌儿他听懂了。

　　B. 卡洛斯说,那支英语歌儿他听不懂,可是音乐很好听。

　　C. 卡洛斯说,那支英语歌儿他听不懂,音乐也不好听。　　　（B）

7. 演出舞蹈节目的时候,卡洛斯坐在后边看得见看不见?

　　A. 他看不见。

　　B. 他看不清楚。

　　C. 他看得见,看得还很清楚呢。　　　　　　　　　　　　（C）

（二）听第二遍,回答问题：

1. 卡洛斯找安娜做什么?（卡洛斯找安娜看歌舞晚会。）

2. 星期几卡洛斯找安娜去看歌舞?（星期六卡洛斯找安娜去看歌舞。）

3. 安娜去得了去不了? 为什么?（安娜去不了,因为星期一要考试。）

4. 为什么安娜又去了？（因为明天是星期天,她还可以复习。）

5. 今天有什么节目？（今天的节目有独唱、小合唱、舞蹈,还有武术、魔术和杂技。）

(三) 听第三遍,判断正误(正确的画√)：

1. 今天的歌舞晚会,安娜说去不了。 （√）

2. 安娜不太喜欢看歌舞,她喜欢听京剧。 （ ）

3. 安娜买了一张说明书。 （ ）

4. 今天的节目很多,可能要演两个半小时。 （√）

5. 他们的票是五排七号和九号。 （ ）

6. 看完节目,卡洛斯在门口等安娜。 （√）

7. 卡洛斯很喜欢那支英语歌儿的音乐。 （√）

8. 安娜坐在后边,看不清楚那些节目。 （ ）

听后写

昨天,丁力给我送来了一张京剧票。今天吃完晚饭我就出发了。我坐地铁,半个多小时就到了梅兰芳大剧院。我买了一张说明书,里边有一些生词,我们还没学过,我只能看懂大概的意思。演出开始了。我坐在十四排六号,我看得很清楚。我认真地听着,大概意思我听得懂。有的地方听不懂,再看看说明书就懂了,京剧太有意思了。京剧是高度综合性的艺术,我很喜欢京剧,我是个京剧迷。

生词

| 说明书 | （名） | shuōmíngshū | theatre programme |
| 门口 | （名） | ménkǒu | doorway, entrance |

第三十八课
Lesson 38

一 听后判断正误并把错句改正过来

1. 昨天,朋友又给我寄去了一封信。(昨天,朋友又给我寄来了一封信。)

2. 上星期天,我给日本的朋友寄来了一个包裹。(上星期天,我给日本的朋友寄去了一个包裹。)

3. 旅行以后,我们又回来了北京。(旅行以后,我们又回北京来了。)

4. 我们每天七点三刻到来教室。(我们每天七点三刻到教室来。)

5. 上星期日,我们去到了大使馆。(上星期日,我们去了大使馆。)

6. 你到来这儿做什么?(你来这儿做什么?)

7. 他买回了啤酒来。

8. 运动员走进来体育场了。(运动员走进体育场来了。)

9. 我是在操场看见保罗。(我是在操场看见保罗的。)

10. 卡洛斯是去年九月来北京。(卡洛斯是去年九月来北京的。)

11. 他不坐火车去上海的。(他不是坐火车去上海的。)

12. 保罗听录音半个小时。(保罗听录音听了半个小时。)

13. 阿里住院五天。(阿里住院住了五天。)

14. 他来北京来了三个多月了。

15. 他正坐写汉字呢。(他正坐着写汉字呢。)

16. 他听着音乐好几个小时了。(他听音乐听了好几个小时了。)

17. 教室的门开。(教室的门开着。)

18. 保罗拿一本旅游手册问我:"你看过这本书吗?"(保罗拿着一本旅游手册问我:"你看过这本书吗?")

二 听后回答问题

这几天,阿里生病了,失眠、头疼,一直在打针、吃药呢。阿里不经常参加体育运动,有时候去锻炼锻炼,但是坚持不下来,三天打鱼,两天晒网。

丁力的身体很棒。他的秘诀是:吃好,睡好,坚持锻炼,精神乐观。丁力经常参加体育运动,每天早上在校园里跑跑步,打打太极拳;下午打球或者游泳。

对一个人来说,身体健康是最重要的。没有健康的身体,任何事情都做不好。生命在于运动。经常运动运动,身体一定会健康,也就不会生病了。

从明天起,阿里要跟丁力一起去操场锻炼身体。

问题:

1. 这几天,阿里怎么了? (这几天,阿里生病了,失眠、头疼,一直在打针、吃药呢。)

2. 阿里经常参加体育运动吗? (阿里不经常参加体育运动。)

3. 丁力的身体怎么样? 他有什么秘诀?

   (丁力的身体很棒。他的秘诀是:吃好,睡好,坚持锻炼,精神乐观。)

4. 丁力经常参加体育运动吗? 他每天都做什么运动?

   (丁力经常参加体育运动,早上在校园里跑跑步、打打太极拳;下午打球或者游泳。)

5. 对一个人来说,身体健康重要吗? 为什么?

   (对一个人来说,身体健康是最重要的。没有健康的身体,任何事情都做不好。)

6. 生命和运动有什么关系? (生命在于运动。经常运动运动,身体一定会健康,也就不会生病了。)

7. 从明天起,阿里要跟丁力一起做什么? (从明天起,阿里要跟丁力一起去操场锻炼身体。)

 听后写

    星期天上午,我和丁力去找卡洛斯的时候,他不在。他宿舍的门开着,我们进去等了一会儿,他回来了。我们一起骑着自行车去颐和园。骑了二十五分钟,我们就到了那儿。颐和园的风景很美,我们照了很多张照片。中午,我们在颐和园吃的午饭。下午,我们去划船。在船上,我们说着、唱着,玩得正高兴,刮起风来了,要下雨了。我们很快就划回来了。那天下午,我们是五点钟回到学校的。

生词

| 关系 | (名) | guānxì | relation, relationship |

第三十九课
Lesson 39

一 **听后回答问题，然后分角色复述课文**

A：请坐，你叫什么名字？

B：保罗。

A：你怎么了？

B：可能感冒了。

A：你觉得哪儿不舒服？

B：嗓子疼，咳嗽。

A：请你把嘴张开，我看看。嗓子有点儿红。请你把衣服解开，我听听。
　　好了，把衣服穿好。

B：大夫，我觉得有点儿热。

A：量一量体温吧！你可能发烧了。

B：我在宿舍量过了，三十八度五。

A：再量一下。把表放好。

A：把表给我。你发烧了，现在是三十九摄氏度，你感冒了。最近感冒的人很多。天气变冷了，
　　要注意多穿衣服。

B：在我们国家冬天不太冷，我不习惯穿很多衣服。

A：北京的天气比较冷，不习惯也要穿。你看，你穿的衣服太少。

B：谢谢大夫，以后我一定注意。

A：你去拿药吧，药吃完了还不好再来看。

B：好。

A：你要注意休息。

B：谢谢，再见！

A：再见。

（一）听第一遍，回答问题：

　　1.保罗怎么了？（保罗可能感冒了。）

　　2.他觉得哪儿不舒服？（他觉得嗓子疼，咳嗽。）

　　3.他发烧吗？多少度？（他发烧了，三十九摄氏度。）

4. 为什么最近感冒的人很多？（因为天气变冷了。）

5. 保罗为什么感冒了？（保罗不习惯穿很多衣服。）

6. 大夫要他注意什么？（大夫要他注意休息。）

(二) 听第二遍，分角色复述课文。

三　听后写

　　我是今年九月来中国的。来中国以后，我不习惯这儿的天气，已经感冒三次了。前天，我又感冒了。下午我去医院看病了。大夫让我把嘴张开，检查我的嗓子，他说有点儿红。他又叫我把衣服解开，听了听，他说没问题。大夫还让我量了量体温，是三十九摄氏度，我发烧了，大夫说我感冒了。他给我开了药方，还要我注意休息。回来以后，我休息了两天。每天吃三次药。我把药吃完了，病也就好了。

生词

变	（动）	biàn	to change
开(药方)	（动）	kāi (yàofāng)	to prescribe

第四十课
Lesson 40

一 将下列句子改成"把"字句

1. 请在这儿写上你的名字和国籍。（请把你的名字和国籍写在这儿。）
2. 请数一下，这是您的钱。（请把钱数一下，这是您的钱。）
3. 请到收款处交钱。（请把钱交到收款处。）
4. 你的词典借给我用用可以吗？（把你的词典借给我用用可以吗?）
5. 这是安东尼的衣服，请你带给她。（请把安东尼的衣服带给她。）

二 听写句子

1. 请把这些东西放在桌子上。
2. 请你把那本书借给我看看。
3. 请您把那套衣服拿给我看看。
4. 你把摄像机带到教室来吧。
5. 麻烦您把这张表交到老师那儿。
6. 我要把这些美元兑换成人民币。
7. 你把国籍、护照号码和日期写在上边。
8. 因为保罗陪同他爸爸、妈妈去外地旅游了，所以这几天没有去上课。

三 听后回答问题并复述

　　昨天下午，老师让我把京剧票给保罗送去。保罗不在，他宿舍的门开着。我把票放在他的桌子上，把出发的时间写在他的本子上，就去食堂了。在路上，我碰到了他。

A：保罗，刚才你去哪儿了？
B：我去商店了。
A：我去你的宿舍了，门开着，你怎么没锁门？
B：我忘了。你找我有事吗？
A：老师让我把京剧票带给你。
B：是吗？我们去看京剧？
A：对，我把票放在你的桌子上了，晚上六点一刻出发，我已经把时间写在你的本子上了。
B：谢谢你。

（一）听第一遍,回答问题:

　　1.昨天下午,老师让他做什么了? （昨天下午,老师让他把京剧票给保罗送去。）

　　2.保罗在不在宿舍? 他去哪儿了? （保罗不在,他去商店了。）

　　3.他把票放在哪儿了? （他把票放在保罗的桌子上了。）

　　4.他是怎么告诉保罗出发时间的? （他把出发的时间写在保罗的本子上了。）

　　5.保罗的宿舍没人,为什么宿舍的门开着? （保罗忘了锁门了。）

（二）听第二遍,复述课文。

生词

锁　　（动）　　suǒ　　　　　　　to lock

忘　　（动）　　wàng　　　　　　to forget

第四十一课
Lesson 41

一　听后回答问题并复述课文

你想去桂林旅游吧？我来介绍一下儿：

桂林在中国的广西，是著名的旅游城市。桂林有山有水，山水奇特，景色秀丽，尤其是漓江两岸，风景如画，非常优美。

桂林的气候很好，夏天不热，冬天不冷。一年四季都可以去那儿旅游，每年去桂林的中外游客很多。

"桂林山水甲天下"，名不虚传。

（一）听第一遍，回答问题：

1. 桂林在哪儿？（桂林在中国的广西。）

2. 桂林是一座什么样的城市？（桂林是一座著名的旅游城市。）

3. 桂林的风景怎么样？（桂林有山有水，山水奇特，景色秀丽，尤其是漓江两岸，风景如画，非常优美。）

4. 桂林的气候怎么样？（桂林的气候很好，夏天不热，冬天不冷。）

5. "桂林山水甲天下"是什么意思？（桂林山水的风景天下第一。）

6. 每年去桂林旅游的人多不多？（每年去桂林的中外游客很多。）

（二）听第二遍，复述课文。

二　听后填空

现在介绍一下黄山：

黄山在中国的<u>安徽省</u>，是中国<u>最著名的风景区</u>之一。黄山是中国第一奇山。泰山的<u>雄伟</u>，华山的<u>险峻</u>，恒山的<u>烟云</u>，庐山的<u>飞瀑</u>，雁荡山的<u>巧石</u>，峨眉山的<u>秀丽</u>，这些景色在黄山都能看到。黄山的风景<u>美极了</u>！山上的<u>松树</u>和<u>石头</u>都非常奇特、秀丽。黄山的云<u>更</u>是有名，人站在山上，<u>白云</u>就在脚下。黄山四绝：<u>奇松</u>，<u>怪石</u>，<u>云海</u>，<u>温泉</u>，中外闻名。黄山已列入《<u>世界遗产名录</u>》。

三　听写句子

1. 中国的名胜古迹很多，我哪儿都想去看看。

2. 放了假，我一定去桂林和黄山旅游。

3. 桂林是中国著名的旅游城市。

4. 黄山是中国第一奇山。

5. 漓江两岸，山水奇特，景色秀丽。

6. 黄山四绝：奇山、怪石、云海、温泉，更是闻名天下。

生词

景色	（名）	jǐngsè	scenery, view, scene
脚	（名）	jiǎo	foot
广西	（专名）	Guǎngxī	Guangxi Zhuang Autonomous Region
安徽省	（专名）	Ānhuī Shěng	Anhui Province

第四十二课

Lesson 42

一 听后先回答问题,再分角色对话

田　中:您好! 我要住宾馆。

服务员:您预订房间了没有?

田　中:没有。

服务员:您要单人房间还是双人房间?

田　中:单人房间。房费多少钱?

服务员:一天三百八十块。

田　中:什么时候交钱?

服务员:离开宾馆的时候再结账。您打算住几天?

田　中:三四天吧。

服务员:请把您的护照给我。

田　中:给您护照。

服务员:这是住房登记表,请填写一下儿。

田　中:填写好了。

服务员:您的房间是三层307号。

……

服务员:先生,请跟我来。

田　中:请把行李搬到我的房间去,可以吗?

服务员:好。

……

服务员:先生,这就是您的房间。行李放在这儿了。

田　中:谢谢! 请问餐厅在哪儿?

服务员:餐厅在二层。这是房卡,给您。有事请按电铃。再见!

田　中:再见!

(一) 听第一遍,回答问题:

　　1.田中要住宾馆吗? (对,田中要住宾馆。)

　　2.他预订房间了没有? (他没有预订房间。)

3. 他要单人房间还是双人房间？（他要单人房间。）

4. 单人房间的房费多少钱？（单人房间的房费一天三百八十块。）

5. 什么时候交房费？（离开宾馆的时候再结帐。）

6. 田中打算住几天？（他打算住三四天。）

7. 宾馆服务员向他要护照了没有？（服务员向他要护照了。）

8. 他填写住房登记表了吗？（他填写住房登记表了。）

9. 他住多少号房间？（他住307号房间。）

10. 谁把田中的行李送到房间去的？（服务员把田中的行李送到房间去的。）

11. 餐厅在哪儿？（餐厅在二层。）

12. 服务员给田中房卡了没有？（服务员给田中房卡了。）

13. 服务员对田中还说什么了？（他说："有事请按电铃。"）

(二) 听第二遍, 分角色对话:

二　听后分角色对话, 并复述课文

A: 我想租套房子, 你能不能帮忙？

B: 没问题, 你想租什么样的？

A: 一室一厅的就可以了。

B: 你想在什么地方租房？

A: 就在附近吧。

B: 你想付多少钱？

A: 一个月两千块到两千五百块。

B: 好吧, 我帮你打听打听。

(一) 听第一遍, 分角色对话:

(二) 听第二遍, 复述课文。

三　听写句子

1. 我打电话预订了两个标准房间。

2. 可以用现金或信用卡支付房费。

3. 请填写一下儿住房登记表。

4. 请把我的行李送到房间去。

5. 上下班高峰时间常常堵车。

6. 我六点钟有个约会, 能准时到达那里吗？

生词

按	（动）	àn	to press
电铃	（名）	diànlíng	electric bell
租	（动）	zū	to rent
房子	（名）	fángzi	house
什么样	（代）	shénmeyàng	what
厅	（名）	tīng	drawing room
打听	（动）	dǎting	to ask about

第四十三课

Lesson 43

听后回答问题,并复述课文

　　山田先生和幸子小姐这次到北京来,是跟北京汽车有限公司洽谈合作项目的。他们在长城饭店住了好几天。这次洽谈进行得很顺利,签订了合作协议。这次来中国,他们感到:中国的经济发展得很快,人民的收入增长得很快,因此,推动了汽车工业的快速发展。

　　山田先生和幸子小姐在北京的这些天,过得很愉快。他们还浏览了长城和故宫,去了一次老舍茶馆,体验了老北京的风土人情。但是遗憾的是时间不够,看不完北京的名胜古迹。他们打算休假的时候,再来北京,把北京的名胜古迹都参观、游览一遍。

(一)听第一遍,回答问题:

　　1. 山田先生和幸子小姐这次来北京做什么?(他们是来跟北京汽车有限公司洽谈合作项目的。)

　　2. 他们住在哪儿?(他们住在长城饭店。)

　　3. 他们工作进行得怎么样?(这次洽谈进行得很顺利,签订了合作协议。)

　　4. 这次来中国,他们感到了什么?

　　(这次来中国,他们感到:中国的经济发展得很快,人民的收入增长得很快,因此,推动了汽车工业的快速发展。)

　　5. 他们在北京过得怎么样?(他们过得很愉快。)

　　6. 他们游览了哪些地方?(他们游览了长城和故宫,去了一次老舍茶馆。)

　　7. 他们有什么遗憾?(他们遗憾时间不够,看不完北京的名胜古迹。)

　　8. 他们有什么打算?(他们打算休假的时候,再来北京,把北京的名胜古迹都参观、游览一遍。)

(二)听第二遍,复述课文。

听后分角色对话

(山田先生和幸子小姐在回日本的前一天,向中国朋友告别。)

山　　田:明天我们就要回日本了,今天来向朋友们告别。

丁　　力:这么几天就回去了,北京有很多名胜古迹,为什么不去游览一下儿呢?

山　　田:国内公司的工作很忙,我们必须马上回去。

李玉梅:明天什么时候去机场?

幸　子：上午七点。

山　田：我们这次来北京，由于中方安排得很周到，因此洽谈进行得很顺利，我们感到非常高兴。

幸　子：在北京期间，丁力先生和李玉梅小姐陪同我们游览了长城和故宫，我们非常感谢。

丁　力：您太客气了，欢迎你们再来北京。

山　田：日中之间的贸易会不断地发展的，我们还会来北京的。

李玉梅：明天我们去机场送你们。

幸　子：太麻烦了，不用去送。

三　听写句子

1. 谢谢盛情招待。

2. 给您添麻烦了。

3. 我们在这里设便宴，为二位接风。

4. 我们是跟北京汽车有限公司洽谈合作项目来了。

5. 中国经济持续快速发展，人民的收入增长比较快。

6. 祝中国人民的生活越来越好。

生词

签订	（动）	qiāndìng	to sign, to conclude
协议	（名）	xiéyì	agreement
休假	（动）	xiūjià	to be on holiday; to be on leave
中方	（名）	zhōngfāng	the Chinese side
周到	（形）	zhōudào	thoughtful, considerate
期间	（名）	qījiān	period
之间	（名）	zhījiān	among, between
不断	（副）	búduàn	unceasingly, continuous

第四十四课

Lesson 44

一　听后判断正误并把错句改正过来

1. 他数码相机借给丁力了。（他把数码相机借给丁力了。）

2. 晚上，我们要老师讲的新课复习复习。（晚上，我们要把老师讲的新课复习复习。）

3. 工人师傅热情地介绍给我们工厂的情况。（工人师傅热情地给我们介绍工厂的情况。）

4. 我把这些练习一个小时做得完。（这些练习我一个小时做得完。）

5. 我用中文把这个句子说不出来。（这个句子我用中文说不出来。）

6. 你们应该把这些练习做。（你们应该把这些练习做一做。）

7. 我把这件事儿知道了。（我知道这件事了。）

8. 他在北京语言大学把中国学生教英语。（他在北京语言大学教中国学生英语。）

9. 阿尔玛把汉语学得很努力。（阿尔玛学汉语学得很努力。）

10. 我把电脑在桌子上。（我把电脑放在桌子上。）

11. 阿里把买回来了摄像机。（阿里把摄像机买回来了。）

12. 他把练习不做完就不休息。（他不把练习做完就不休息。）

13. 晚上我要把这篇文章翻译。（晚上我要把这篇文章翻译成中文。）

14. 放假以后，我们打算去把桂林和黄山旅行。（放假以后，我们打算去桂林和黄山旅行。）

15. 我们把乒乓球打了半个小时。（我们打乒乓球打了半个小时。）

16. 我把北京烤鸭吃过两次。（我吃过两次北京烤鸭。）

17. 我写"收款处"成"收款外"了。（我把"收款处"写成"收款外"了。）

18. 他把箱子送给我房间了。（他把箱子送到我房间了。）

19. 我已经把本子上写上我的名字了。（我已经把我的名字写在本子上了。）

20. 你把一张电影票给谁了？（你把那张电影票给谁了？）

二　听后写

亚历山大：

　　你好！

　　我是今天收到你的信的。我给你的信寄出去以后，每天等着你的来信。今天上午，一个同学告诉我有我的信，我马上跑回宿舍。看到是你的信，真高兴。我把信看了一遍又一遍。

　　我是今年九月十号到北京的，到现在已经三个多月了，时间过得真快。这三个月的学习和生活情况，我真想都告诉你，可是要说的话太多了，一封信写不完。

先说学习情况吧！我们已经学了四十三课书了，内容都是生活会话。现在我已经能用学过的汉语和中国人谈话了。

最近我在梅兰芳大剧院看了一次京剧。有的地方听得懂，有的地方听不懂，大概意思我看懂了。京剧是高度综合性的艺术，我很喜欢京剧，我已经收藏了很多京剧脸谱。如果你喜欢京剧脸谱，我给你寄一些去。

到北京以后，天气慢慢地冷了，冬天来到了。昨天下了大雪。下雪以后的风景美极了。下雪的时候，我在外边照了很多张照片，以后寄给你。

最近，我正准备考试。考试以后，寒假就开始了，我打算去旅行，回来以后再给你写信。

祝你愉快！

你的朋友：卡洛斯
2010年12月28日晚

生词

亚历山大	（专名） Yàlìshāndà	Alexander

责任编辑：付　　华
英文编辑：张　　乐
封面设计：古涧文化
印刷监制：佟　汉　冬

图书在版编目（CIP）数据

普通汉语教程听力课本：汉英对照 / 杜厚文编著. —北京：华语教学出版社，2011
ISBN 978-7-5138-0094-5

Ⅰ.① 普…　Ⅱ.① 杜…　Ⅲ.①汉语 – 听说教学 – 对外汉语教学 – 教材　Ⅳ.① H195.4

中国版本图书馆 CIP 数据核字 (2011) 第 147775 号

普通汉语教程
听力课本

杜厚文　编著

＊

©华语教学出版社
华语教学出版社出版
（中国北京百万庄大街24号　邮政编码 100037）
电话：(86)10-68320585　68997826
传真：(86)10-68997826　68326333
网址：www.sinolingua.com.cn
电子信箱：hyjx@sinolingua.com.cn
北京市松源印刷有限公司印刷
2012年（16开）第1版
（汉英）
ISBN 978-7-5138-0094-5
定价：69.00元